Gerhard Schnitter

Wie möchte ich alt werden?

Erfrischende Perspektiven
für die reifen Jahre

SCM
Stiftung Christliche Medien

SCM Hänssler ist ein Imprint der SCM Verlagsgruppe, die zur Stiftung Christliche Medien gehört, einer gemeinnützigen Stiftung, die sich für die Förderung und Verbreitung christlicher Bücher, Zeitschriften, Filme und Musik einsetzt.

3. Auflage 2022

© 2020 SCM Hänssler in der SCM Verlagsgruppe GmbH
Max-Eyth-Straße 41 · 71088 Holzgerlingen
Internet: www.scm-haenssler.de · E-Mail: info@scm-haenssler.de

Soweit nicht anders angegeben, sind die Bibelverse
folgender Ausgabe entnommen:
Lutherbibel, revidiert 2017, © 2016 Deutsche Bibelgesellschaft, Stuttgart.
Weiter wurden verwendet:
Neues Leben. Die Bibel, © der deutschen Ausgabe 2002
und 2006 SCM R.Brockhaus in der SCM Verlagsgruppe GmbH
Witten/Holzgerlingen (NLB).
Hoffnung für alle® Copyright © 1983, 1996, 2002,
2015 by Biblica, Inc.®. Verwendet mit freundlicher Genehmigung
des Herausgebers Fontis – Brunnen Basel (HFA).

Umschlaggestaltung: Jens Vogelsang, Vogelsang Design, Aachen
(www.vogelsangdesign.de)
Titelbild: adobe.com, © rosinka79
Autorenfoto: Rahel Täubert
Satz: typoscript GmbH, Walddorfhäslach
Druck und Bindung: GGP Media GmbH, Pößneck
Gedruckt in Deutschland
ISBN 978-3-7751-6008-7 · Bestell-Nr. 396.008

INHALT

Zur Einstimmung 7

1. Ich möchte dankbar sein 15
2. Ich möchte versöhnt leben 25
3. Ich möchte befreit und unbelastet leben 35
4. Ich möchte mich tragen lassen 45
5. Ich möchte mich geistlich gesund ernähren ... 53
6. Ich möchte beten können 67
7. Ich möchte erneuert werden 79
8. Ich möchte singend alt werden 93
9. Ich möchte fröhlich bleiben 103
10. Ich möchte ermutigen können 117
11. Ich möchte einladen 125
12. Ich möchte zielorientiert leben 135

Nachklang 151
Anmerkungen 155

ZUR EINSTIMMUNG

Bevor ich darüber nachdenke, wie ich alt werden möchte, muss ich mir überlegen, ob ich das überhaupt will. Alt werden – will ich das wirklich? Ich kann das zwar nicht selbst entscheiden, aber meine Antwort ist trotzdem »Ja«. – Ja, wenn möglich, möchte ich gern alt werden. Ich vermute auch, dass die meisten Menschen so antworten würden, selbst wenn sie bisher wenig oder noch gar nicht darüber nachgedacht haben. Der ernährungstechnische, medizinische und sportliche Aufwand, den viele Leute betreiben, ist jedenfalls ein klarer Hinweis darauf, dass sie anstreben, einmal alt zu werden. Nur sehr selten habe ich gehört, dass jemand nicht alt werden möchte.

Doch auf die nächste Frage bekäme ich höchstwahrscheinlich eine deutlich andere Antwort. Würde ich nämlich jemanden fragen: »Möchtest du gern einmal alt sein?«, könnte ich immer ein klares Nein erwarten. Alt werden? Ja, das wollen viele. Aber alt sein? Nein danke! – Noch deutlicher würde bei der dritten Frage das Nein ausfallen: »Möchtest du gern alt aussehen?« O nein, das will natürlich niemand! Und um das zu vermeiden, darf es auch gern etwas mehr kosten, um Falten, Runzeln, Flecken oder graue Haare zu verstecken.

Dass ich alt werde, ist ein unaufhaltsamer Vorgang. Unabhängig davon, ob ich es will oder nicht oder ob es mir gefällt oder nicht, werde ich alt. Ich werde nicht gefragt und kann auch nichts daran ändern. Es passiert einfach mit mir, und ich kann es nicht umgehen. Dabei ist Altwerden keine Krankheit. Wie jedes Leben verläuft auch mein Leben so, dass es zunächst wächst und kontinuierlich reift, bis es schließlich altert. Jahrelang schreitet dieser Prozess voran, ohne dass er mir bewusst wird.

Doch spätestens dann, wenn die grauen Haare weiß werden, wenn ich langsamer und vergesslicher werde, wenn ich schlechter sehen oder hören kann – spätestens dann wird es deutlich und ich muss es mir eingestehen: Ich werde alt.

Während ich an diesem natürlichen und unaufhaltsamen Vorgang des Alterns nichts ändern kann, muss ich die Frage, wie ich alt werden möchte, nicht dem Zufall überlassen. Denn für dieses Wie kann ich sogar etwas tun. Ich kann es beeinflussen und steuern. Einige Gedanken dazu will ich hier gern weitergeben. Der Anlass dafür ist meine Beobachtung, dass sich nur wenige Menschen darauf vorbereiten, wie sie alt werden wollen. Zu den äußeren Umständen und zu den Rahmenbedingungen, unter denen jemand im Alter leben möchte, werde ich hier nichts vorschlagen. Dafür wird meistens in den Familien oder im größeren gesellschaftlichen Rahmen mehr oder weniger sinnvoll geplant und vorgesorgt. So soll zum Beispiel eine ausreichende finanzielle Absicherung ein »würdevolles Altwerden« gewährleisten. Auch das »altersgerechte Wohnen« wird von vielen schon lange im Voraus und auf unterschiedliche Weise geplant. »Altersvorsorge« und »Bekämpfung von Altersarmut« sind selbst für die Politik populäre Themen. Versicherungen bieten Verträge und ihre vielfältigen »Leistungen für alle Eventualitäten« an. Nicht zuletzt werden für den Ernstfall »Patientenverfügungen« ausgefüllt und hinterlegt. Alle diese Vorsorgemaßnahmen zielen auf gute Rahmenbedingungen für das Altwerden.

Zu den guten Rahmenbedingungen gehört natürlich auch unsere Gesundheit. »Hauptsache gesund« ist ein Satz, den älter werdende Menschen besonders gern benützen. Um das zu erreichen, werden interessante und gute Tipps angeboten. Sorgfältig getestete Ratschläge sollen uns helfen, möglichst lange vital und fit zu bleiben. Wir werden dazu ermutigt, Senioren-Sport zu betreiben, zu schwimmen, zu wandern oder zu walken. Wem es möglich ist, der soll auch bei Wellness, Massagen oder gesunder Ernährung nicht sparen. Besondere Rezepte mit Kräutern, Knoblauch oder Kardamom (auch Kardamon geschrieben), mit Chili, Chia oder chinesischem Ingwer werden immer neu erprobt. Selbstverständlich stehen auch Säfte, Salben und Tees gegen allerlei Beschwerden oder gegen Schmerzen auf der Liste der Empfehlungen. Diese Liste mit klugen und sinnvollen Vorschlägen, wie wir bei bestmöglicher Gesundheit das Alter genießen können, wird immer noch weiter fortgeschrieben.

Doch auch an fantasievollen Ideen zur Erhaltung geistiger Frische im Alter fehlt es nicht: vom Kreuzworträtsel bis zu Kreuzfahrten, von Malkursen bis zum Musizieren und von Theaterbesuchen bis zu Tanzausflügen. Jeder kann finden, was er sich leisten kann und was ihm Freude macht. Dem Training geistiger Mobilität und der Unterstützung körperlicher Frische sollen auch die interessanten und nützlichen Aufgaben dienen, die man nach dem 65. oder 67. Geburtstag weiter ausüben kann. Hier fallen mir zuerst die vielen schönen Gärten ein, die von älteren Menschen gepflegt werden. Bei ehrenamtlichen Diensten in Gemeinden, bei der Übernahme sozialer Aufgaben oder in politischer Verantwortung erleben viele ältere Menschen Freude und Befriedigung. Und die

Gruppe der Großeltern, zu denen auch ich gehöre? Wenn wir Zeit mit den Enkeln verbringen können, werden wir durch sie emotional und körperlich in Schwung gehalten.

Allerdings wird mit einer angepassten Wohnung, mit guter Gesundheit, mit geistiger Regsamkeit oder mit sinnvollen Aktivitäten die Frage, wie ich alt werden möchte, noch nicht beantwortet. Denn sie zielt in eine andere Richtung. Sie betrifft die Dimension meines Lebens, die mich einmalig macht und die wirklich wichtig ist. Es geht bei dieser Frage um meinen geistlichen Zustand und um den eigentlichen Sinn meines Lebens. Ich will diese Frage deshalb beim Älterwerden auf keinen Fall vernachlässigen oder verdrängen. Im Gegenteil, ich will Antworten suchen und dadurch reifen. Doch ist Reifen im Alter überhaupt möglich? Ist da nicht vielmehr Welken angesagt?

Hier ist ein Blick auf Menschen in künstlerischen Berufen interessant. Künstler und manchmal auch Wissenschaftler erreichen nicht selten erst im Alter ihre Höchstform. Die Zahl 67 ist zum Beispiel für Maler, Komponisten, Dichter oder Architekten kein Grund zum Aufhören. Für viele beginnt erst im Alter der Einstieg in ihre reife Schaffensphase. Sollte das, was bei diesen Berufen zu beobachten ist, nicht noch viel mehr für mein geistliches Leben gelten können? Könnte ich im Alter – ganz unabhängig von meinem körperlichen Befinden – nicht ebenfalls auf eine geistliche Reife zusteuern? Und wenn ja, was kann diesen Prozess befördern? Diese Frage ist deshalb nicht abwegig, weil ich als Christ noch mehr wie ein Künstler aus einer nicht versiegenden, stets kreativen und lebendigen Quelle schöpfen kann.

Mit dieser Perspektive vor Augen erscheinen mir die folgenden Überlegungen nicht nur wichtig für Menschen, die schon in der aktuellen Altersphase leben, sondern auch für die Nachrücker. Je früher wir über die geistlichen Perspektiven für unser Leben nachdenken, umso besser können wir uns darauf vorbereiten und umso größer ist die Vorfreude auf reife Lebensfrüchte.

Es waren vor allem Gespräche und Begegnungen mit älteren Menschen, die mich zum Nachdenken darüber gebracht haben, wie ich denn selbst alt werden möchte. Vieles von dem, was ich dabei hörte und sah, war erfrischend und inspirierend. Manchmal war es auch erschütternd. Dann dachte ich entweder: So wie diese oder wie jener möchte ich auch mal alt werden, oder: So wie der oder die? – Nein, so nicht.

Doch außer den schönen Erfahrungen mit Menschen beziehungsweise manchen enttäuschenden Eindrücken entdeckte ich vor allem in der Bibel interessante Personen und wichtige Antworten auf meine Frage. Die Bibel klammert ja das Thema Altwerden nicht aus. Im Gegenteil! In Psalm 92 – einer meiner Lieblingspsalmen – steht (Vers 14–16a): *Die gepflanzt sind im Hause des Herrn, werden in den Vorhöfen unseres Gottes grünen. Und wenn sie auch alt werden, werden sie dennoch blühen, fruchtbar und frisch sein, dass sie verkündigen, wie der Herr es recht macht.*

Daraus höre ich, dass Gott möchte, dass wir bis ins Alter nicht nur innerlich vital bleiben, sondern dass wir für ihn reife geistliche Früchte bringen. Er möchte die Weisheit der Alten sogar benutzen und sich an ihrem Wirken freuen. Dazu verspricht er: *Auch bis in euer Alter bin ich derselbe, und ich will euch tragen, bis ihr grau werdet. Ich habe es getan; ich will heben und tragen und erretten* (Jesaja 46,4).

Von beidem also will ich meine Antworten ableiten: vom Erzählen und Verhalten älterer Menschen und von dem, was ich in der Bibel gefunden habe.

1. ICH MÖCHTE DANKBAR SEIN

Der erste Mensch, den ich bewusst als alten Mann wahrgenommen habe, war mein Großvater. Mein Vater war nach dem Zweiten Weltkrieg nicht mehr aus russischer Gefangenschaft heimgekehrt. Danach übernahm der Großvater zwar nicht, wie man vielleicht annehmen könnte, die Vaterrolle. Das wäre auch gar nicht möglich gewesen, weil die Großeltern woanders wohnten. Trotzdem hinterließ er bei den gelegentlichen Besuchen prägende Eindrücke. Die Erinnerung an ihn und sein Leben gibt mir die erste Antwort auf die Frage, wie ich alt werden möchte: Ich möchte dankbar sein.

Mein Großvater war für mich ein interessanter Mensch. Das lag zum großen Teil daran, dass er gern und oft – für uns Kinder auch manchmal zu oft und zu ausführlich – aus seinem Leben erzählte. Einige seiner Geschichten wiederholte er gelegentlich, etwa die aus der Zeit seiner Tätigkeit als Diakon in Einrichtungen für Suchtkranke und Obdachlose. Da hatte er Gottes Führungen erfahren. Und seine Erlebnisse im Ersten Weltkrieg gaben Einblicke in eine vergangene Zeit, die ich damals noch nicht begreifen konnte.

Besonders eine Geschichte hat mich beeindruckt: Der Großvater hatte als Soldat dafür gebetet, dass er gern die Pferde seiner Kompanie versorgen würde. Er war als Bauernsohn aufgewachsen und der Umgang mit Pferden machte ihm immer große Freude. Tatsächlich wurde ihm die Verantwortung für die Pferde übertragen. Wenig später konnte er wegen dieser Aufgabe nicht an einem Gefecht teilnehmen. Es war ein Gefecht, bei dem alle seine Kameraden sofort oder später in der Gefangenschaft ums Leben kamen. Er sah darin Gottes Bewahrung für ihn. – Die Erzählung hat mich natürlich beeindruckt und wiederholt hat der Großvater in seinen Gebeten Gott dafür gedankt. Dadurch wurden auch wir Kinder immer wieder daran erinnert. Gedankt hat er auch, wenn er in der Familie zu Tisch betete. Seine Tischgebete waren meistens sehr lang. Für Kinder waren sie viel zu lang, weil er nicht nur für das Essen dankte, sondern eben auch für viele andere Wohltaten Gottes. Doch ahnten wir trotz kindlicher Ungeduld und Hunger schon damals, was für ihn das Wichtigste im Leben war.

Meine Großeltern väterlicherseits wurden beide ziemlich alt – der Großvater fast 90 und die Großmutter sogar 93 Jahre. Wer sie in ihrem Alter traf, begegnete ausgeglichenen und zufriedenen Menschen. Ihr Ruhestand war allerdings eine Geschichte von Enttäuschungen und Entbehrungen. Sie hatten sich ein nettes Haus im Sudetenland gekauft. Durch die Nachkriegsereignisse verloren sie aber ihren gesamten Besitz. Als Vertriebene und Flüchtlinge kamen sie bei ihren Kindern, meinen Tanten, unter. Über ihren Verlust hörte ich sie nie klagen. Wie war das möglich? Erst viel später entdeckte ich den Grund dafür: Jesus war ihr Lebensinhalt. Den hatten sie bei allem, was ihnen genommen wurde, nicht verloren. Durch ihr Leben haben sie sogar für andere reflektiert, dass ihnen die Freude über die Vergebung und ein fröhliches Herz wertvoller waren als ein schönes Haus oder materielle Sicherheit. Ihre Gewohnheit, immer wieder dankbar auf das Wirken Gottes in ihrem Leben zu schauen, hat ihnen auch körperlich erkennbar gutgetan. Gutgetan hat ihnen auch das Lesen. Es hat ihnen geholfen, geistig fit zu bleiben. Sie nahmen sich bis ins höchste Alter viel

Zeit für Bücher. Die Bibel, Andachtsbücher, Berichte aus der Mission und Biografien lagen bei ihnen immer griffbereit.

Mein Großvater kannte sicher den 103. Psalm, der dazu auffordert, nicht zu vergessen, was Gott uns Gutes getan hat: *Lobe den Herrn meine Seele und vergiss nicht, was er dir Gutes getan hat: der dir alle deine Sünde vergibt und heilet alle deine Gebrechen* (Verse 2-3). Aus diesem »Vergiss nicht« höre ich heraus, dass man das Danken auch üben oder trainieren muss. Eltern erinnern ja auch ihre Kinder daran, sich zu bedanken, wenn sie fragen: »Hast du auch schön Danke gesagt?« oder: »Na, wie sagt man?«.

Für mich ist es eine gute Übung zum Danken, wenn ich mir morgens in der Stille mit Stichworten notiere, für welche Ereignisse vom Vortag ich dankbar sein kann. Ich versuche auch, das Danken mit den Psalmen zu üben! Die Psalmen verwenden ein großartiges und reichhaltiges Vokabular. Das hilft mir, Worte zu finden, um meinen persönlichen Dank an Gott auszudrücken und dabei nicht immer die gleichen Sätze zu wiederholen. Psalm 107 etwa ist so ein »Lehrpsalm«. Er erklärt, wie Menschen durch das Erzählen von Gottes Taten (so wie mein Großvater) zum Danken geführt werden.

Danken ist aber manchmal auch mühsam. Wahrscheinlich wird deshalb in Psalm 116,17 das Danken als Opfer bezeichnet: *Wer Dank opfert, der preist mich.* Aber schon der übernächste Psalm 118 quillt wieder über mit einer Aufzählung von Anlässen, an die wir uns beim Danken erinnern können. Die Überschrift und der Refrain dieses Psalms werden oft als Tischgebet benutzt: *Danket dem Herrn, denn er ist freundlich und seine Güte währet ewig.*

»Dank-Training« lag offenbar auch dem Apostel Paulus sehr am Herzen. In seinen Briefen an die Gemeinden erinnert er wiederholt ans Danken: *Seid reichlich dankbar* (Kolosser 2,7), *Seid dankbar in allen Dingen* (1. Thessalonicher 5,18) oder *Sagt Dank allezeit für alles Gott, dem Vater...* (Epheser 5,20).

Neben den Psalmen finde ich wunderbare Anregungen zum Danken in Liedern, etwa in dem berühmt gewordenen Danke-Lied: *Danke für diesen guten Morgen... Danke, dass ich dein Wort verstehe... Danke, dass deinen Geist du gibst... Danke, für meine Arbeitsstelle...* Morgenlieder sind häufig inspirierende Danklieder. Natürlich helfen auch alle Lieder, die den Schöpfer loben wie *Geh aus, mein Herz, und suche Freud* oder *Freuet euch der schönen Erde,* um den eigenen Dank auszudrücken.

Wie schon gesagt, konnte ich bei meinen Großeltern sehen, dass das Danken positive Auswirkungen auf ihr Leben und ihre Psyche hatte. Der Komponist Ludwig Senfl (1490–1543) beschreibt diese Wirkung in einem Kanon so: *Jeder, der dankt, bekommt ein frohes Herz.* Er sagt damit, dass eine dankbare Lebenseinstellung die Abwehrkräfte der Seele stärkt. Unzufriedenheit dagegen kann das seelische und körperliche Immunsystem zerstören. Danken lenkt den Blick hin zu Gott. Danken stimuliert auch das Denken. Wenn ich dankbar nachdenke, lerne ich zu staunen. Und umgekehrt: Wenn ich staune, werde ich dankbar. Je mehr ich über Gottes Wunder staune und über sein Wirken in meinem Leben nachdenke, umso dankbarer werde ich. Die Erfahrung, dass das Danken uns verändert, formuliert Heino Tangermann (1910–1988) in dem Lied *Vergiss nicht zu danken* so: *Im Danken kommt Neues ins Leben hinein, ein Wünschen, das nie du gekannt...* [1] Dagegen macht Undankbarkeit unzufrieden, eng und mürrisch.

Ich möchte auch das Danken anderen Menschen gegenüber trainieren. Vieles nehme ich viel zu oft als selbstverständlich an. Doch mit dem Dank für eine Aufmerksamkeit, für eine Einladung, für einen Anruf, für einen Gruß, für eine Hilfe oder für ein Gespräch werden menschliche Beziehungen gepflegt und geölt. Danken ist also ein rundum wertvolles Lebenselixier, das uns bis ins Alter kostenlos zur Verfügung steht. Ich möchte es gern einnehmen und dabei die Freude erleben, die diese Medizin bei mir und in meiner Umgebung auslösen kann. Danken wirkt ansteckend. Dankbare Menschen regen auch andere zum Danken an. Dagegen können mürrische Nörgler ihren Mitmenschen alles vermiesen.

Im Danken liegt aber noch eine weitere und tiefere Dimension verborgen: Wenn ich für etwas danke, nehme ich es dadurch an. Es gehört nun mir. Dazu fiel mir eine Begebenheit mit der bekannten holländischen Evangelistin Corrie ten Boom (1892–1983) ein. Sie war in Stuttgart bei Freunden von uns zu Gast und hatte während ihrer Vorbereitung auf den Abend die Gastgeberin um einen Kaffee gebeten. Als ihr die Tasse gebracht wurde, sagte sie: »Danke.« Dann fügte sie hinzu: »Es wäre ja dumm von mir, wenn ich jetzt sagen würde: Bitte, gib mir einen Kaffee.« Was sie damit meinte, war, dass manche Christen immer und immer wieder um etwas bitten, was ihnen eigentlich schon längst von Gott geschenkt wurde. – Der japanische Sänger und ehemalige Buddhist Yukio Imanaka begann vor jeder Aufnahme, die wir mit ihm im Evangeliums-Rundfunk gemacht haben, unser gemeinsames Gebet mit dem Satz:»Herr Jesus Christus, hab Dank für deine Gnade.« – So wie er möchte ich vor allem und immer wieder für die Gnade danken, dass ich Gottes Kind sein darf. Er hat mir damit grundsätzlich alles geschenkt: Er ist mein Vater. Er ist mein guter Hirte. Er hat mir vergeben. Er tröstet mich. Er ist mir gnädig. – Danke!

Wenn Danken heißt, dass ich damit etwas annehme, dann kann ich Psalm 23 in der Stille auch so beten:»Danke, Herr, dass du mein Hirte bist. Danke, dass mir nichts mangeln wird. Danke, dass du mich auf einer grünen Aue weidest. Danke, dass du mich zum frischen Wasser führst und meine Seele erquickst…« Anstatt meine Probleme unruhig hin und her zu wälzen, möchte ich dafür dankbar sein, dass mein Herr sich mir zuwendet und mich beschenkt.

(Refrain) Ich danke dir, Herr, denn du bist freundlich;
und deine Gnade und Wahrheit sind ewig,
und du bist treu, bleibst immer bei mir.
Herr, hab Dank dafür. Mein Gott, ich dank dir.

1. Hab Dank für mein Leben. Du hast mich gemacht,
mich so, wie ich bin, geplant und erdacht.
Hab Dank, Vater, dass du mich führst und bewahrst,
mit deiner Liebe nicht sparst.

2. Hab Dank für das Wort, mit dem du zu mir sprichst,
das niemals vergeht und das du nie brichst.
Es leuchtet mir auch noch am dunkelsten Ort;
ich lebe von deinem Wort.

3. Hab Dank, dass du mir alle Sünde vergibst,
die Schulden begleichst, weil du mich so liebst.
Du hast dich geopfert, bezahlt und vollbracht:
dem Tod entrissen die Macht. [2]

2. ICH MÖCHTE VERSÖHNT LEBEN

Es war ein schöner Ostermorgen. Ich ging auf dem Weg zum Gottesdienst über den Friedhof zur Kirche. Neben mir lief eine Frau aus dem Ort. Wir begrüßten uns und ich sagte mit einem Blick auf die Gräber: »Das wird einmal spannend, wenn Jesus wiederkommt und die Toten hier aus den Gräbern herauskommen.« Die Frau erschrak und meinte: »Oh, da unten liegen Leute, die möchte ich nie wieder sehen.«

Wir waren an der Kirchentür bei einer Gruppe anderer Gottesdienstbesucher angekommen und konnten nicht mehr weiterreden. Aber das kurze Gespräch machte mich nachdenklich.

Wie wird es einmal sein, wenn ich Menschen, die ein Teil meines Lebens waren, in der Ewigkeit begegne. Bin ich mit ihnen versöhnt? Freue ich mich auf sie oder ist

25

mir der Gedanke unangenehm, dort jemanden wieder zu treffen, mit dem ich hier »nicht so gut konnte«? Und dann drängte sich gleich die nächste Frage auf: Lebe ich jetzt im Frieden mit anderen Menschen? Mir fallen Situationen ein, wo mein Umgang mit anderen nicht gut war. Mit einigen Leuten habe ich nicht in Harmonie gelebt, andere habe ich verletzt und manchen habe ich sogar Leid zugefügt. Wie soll ich mit diesem Unrecht umgehen? Muss ich es als Bürde bis zum Ende meiner Tage mit mir herumschleppen? Und umgekehrt gibt es auch Menschen, die an mir schuldig wurden. Wie soll ich mich ihnen gegenüber verhalten? Muss ich ihnen ihr Fehlverhalten nachtragen und mich dadurch belasten? – Sowohl das von mir begangene als auch das erlittene Unrecht ist bedrückend. Wie kann ich dafür eine Lösung finden?

Bei Gesprächen mit älteren Menschen bemerke ich, dass die meisten nicht gern über das reden wollen, was ihre Beziehung zu anderen belastet, am wenigsten dann, wenn sie selbst dafür verantwortlich sind. Sie schweigen und sie erwarten auch gar keine Veränderung mehr. Einen ersten Eindruck von diesem Problem bekam ich durch die Begegnung mit einem alten Ehepaar. Beide waren schwer krank und ihr Ende war absehbar. Und nun gerieten sie auf einmal in meinem Beisein in Streit. Was diesen Streit ausgelöst hat, weiß ich nicht mehr. Aber es kam heraus, dass er sich ständig unterlegen fühlte, weil sie ein dominierendes und offeneres Naturell hatte. Im Laufe ihrer Ehe haben sie aber nie darüber gesprochen. Ihr Verhältnis zueinander blieb in diesem Punkt ungeklärt. Ihre unguten Gefühle wurden »unter den Teppich gekehrt«. Und nun kamen sie plötzlich zur Sprache.

Eine andere Situation war ein jahrelanger und heftiger Familienkonflikt. Nachdem ich ein wenig Einblick in die Auseinandersetzungen bekam, versuchte ich vorsichtig zu vermitteln. Doch ich scheiterte, weil jede Seite sinngemäß sagte: »Was die anderen getan haben, ist viel schlimmer als unser Fehlverhalten. Die müssen den ersten Schritt machen.« – Wäre es nicht für die Seite mit der geringeren Schuld viel leichter, ihre Fehler zuzugeben, als für die andere Seite mit dem größeren Anteil an den Ursachen der Auseinandersetzung? So könnte zumindest eine menschliche Hilfe aussehen. Aber wirkliche Versöhnung ist eigentlich erst dann möglich, wenn unsere Schuld von Gott vergeben wird. Daraus wächst die Kraft für einen ersten Schritt.

Mancher Streit unter Familienmitgliedern beginnt, wenn es um die Verteilung eines Erbes geht. An diesem Punkt sind sogar christliche Familien gefährdet. Die einen sagen, man wolle nur, dass es gerecht zugeht. Die anderen behaupten, man denke nur an das Wohl der nächsten Generation. Wenn es dann auch noch zu juristischen Auseinandersetzungen kommt, verschieben sich vollends die Werte. Irdischer Besitz besetzt die Herzen. Eine über Achtzigjährige sagte mir dazu nur wenige Tage vor ihrem unerwarteten Tod ein weises Wort: »Hast du schon einmal einen Scheck in einem Sarg gesehen?« Sie wollte damit sagen, dass wir doch sowieso »nichts mitnehmen« können.

Warum können sich Menschen nur so schwer versöhnen? Dieses Problem betrifft nicht nur die Familien, sondern das gesamte gesellschaftliche Zusammenleben, angefangen vom Streit der Kinder in den Kitas und Schulen über das Mobbing in der Arbeitswelt bis hinein in die Pflegeheime. Ärger über merkwürdige Kollegen, über unfähige oder parteiische Chefs oder über ungerechte Lehrer belasten junge und alte Menschen. Doch habe ich bei manchen »Streithähnen« auch den Verdacht, dass ihnen etwas fehlen würde, wenn sie sich nicht mehr über andere beklagen könnten oder wenn sie niemanden mehr zum Streiten hätten. Sich zu ereifern, scheint ihnen geradezu Spaß zu machen. Wollen sie damit vielleicht ihre Selbstwertgefühle aufbessern? Aber wer die eigenen Verletzungen pflegt und gleichzeitig anderen ihre Schuld und Versäumnisse nachträgt, braucht dafür viel Kraft. Das Bonmot des ehemaligen Bundeskanzlers Konrad Adenauer ist völlig richtig: »Wer sich ärgert, büßt die Sünden anderer Leute.« Ärger oder schlechtes Gewissen lassen sich nicht so einfach beiseiteschieben. Die Hoffnung, dass irgendwann einmal »Gras darüber wächst« oder dass »die Zeit die Wunden heilt«, ist trügerisch. Verletzungen erzeugen Wunden. Wenn solche Wunden nicht behandelt werden, infizieren sie sich. Infizierte Lebenswunden dürfen, so wie andere Wunden auch, nicht einfach mit einem Trostpflaster überklebt werden. Denn überklebte Wunden heilen nicht, sondern sie vereitern. Dann können sie den ganzen Organismus lebensbedrohlich vergiften.

Welche Antwort hat die Bibel auf dieses Problem? Zunächst berichtet sie offen und schonungslos vom schuldhaften Verhalten der Menschen. Sie weist auch auf die dadurch verursachten Verletzungen hin, die oft noch mehrere Folgegenerationen belastet haben. Sünde wird in der Bibel nicht mit einem »Schwamm drüber« weggewischt, sondern der furchtbare Mechanismus von Verbitterung und wieder neuer Schuld wird aufgedeckt.

Gleich im dritten Kapitel geht es los mit dem Bericht vom Sündenfall. Wenige Abschnitte später sind es sogar die Erzväter Abraham, Isaak und Jakob, die jeweils durch Unehrlichkeiten, Erziehungsfehler, Streit und ungerechte Maßnahmen schuldig wurden. Sie haben dadurch viele ihrer Nachfahren mit in den Strudel der Unversöhnlichkeit hineinzogen.

Aber die Bibel analysiert nicht nur die Misere. Sie erstellt nicht nur traurige Bestandsaufnahmen. Vielmehr kennt und zeigt sie das Geheimnis zur Heilung aller Wunden. In ihr wird das Unvorstellbare angeboten: Wunden können wieder heilen. Aber wie? Im Alten Testament beschreibt der Prophet Jesaja in Kapitel 53 den Leidensweg, den der »Knecht Gottes« wie ein Lamm gehen musste. Die erschütternde Klage des Propheten endet mit dem wunderbaren Trost: *Durch seine Wunden sind wir geheilt.* Damit weist er schon Jahrhunderte vor dem Ereignis darauf hin, dass Jesus, der Sohn Gottes, am Kreuz für die Sünden und Wunden aller Menschen gestorben ist. Das ist geheimnisvoll und paradox zugleich. Seine Wunden heilen unsere Wunden. Im Lied »Jesus Christus herrscht als König« von Friedrich Hiller (1699–1769) geht es um dieses Geheimnis. Strophe sieben klingt wie die Einladung zu einen Arztbesuch:

Gebt, ihr Sünder, ihm die Herzen,
klagt, ihr Kranken, ihm die Schmerzen,
sagt, ihr Armen, ihm die Not.
Wunden müssen Wunden heilen,
Heilsöl weiß er auszuteilen,
Reichtum schenkt er nach dem Tod.[3]

Das Schlüsselwort zur Heilung und zur Aussöhnung mit anderen heißt Vergebung. Wenn ich vergebe, wird mich das, was andere mir angetan haben, nicht mehr belasten. Das betrifft auch den Groll gegen Menschen, die schon verstorben sind. Darum habe ich vor einiger Zeit zusammen mit einem Seelsorger meinen schon verstorbenen »Schuldnern« im Gebet vergeben. Wir beten es ja auch im Vaterunser: *Vergib uns unsere Schuld, wie auch wir vergeben unsern Schuldigern* (Matthäus 6,12). Anderen zu vergeben, ist eine Entscheidung: Will ich ihnen wirklich das Unrecht und ihr verletzendes Verhalten vergeben? Diese Entscheidung ist nicht leicht, aber sie befreit. Meine Frau hatte sich einmal diesen Satz notiert: »Nachtragen ist eine Last, die Gott uns nicht auferlegt hat.« Eine biblische Begründung dafür, dass ich auch denen vergeben darf, mit denen ich nicht mehr sprechen kann, sehe ich in Matthäus 18,18, wo Jesus sagt: *Was ihr auf Erden binden werdet, soll auch im Himmel gebunden sein, und was ihr auf Erden lösen werdet, soll auch im Himmel gelöst sein.* – Die Menschen, an denen ich schuldig wurde, kann ich um Vergebung bitten. Auch das ist keine leichte Entscheidung, denn sie rüttelt an meinem Stolz. Aber es ist der erste Schritt zu neuer Freiheit und zur Freude. Wenn ich aber meine Schuld vor Gott verschweige, werde ich sie auch nicht los. Und umgekehrt: solange ich anderen ihr Fehlverhalten nachtrage, bleibe ich selbst daran gebunden. Nur durch Vergebung kann ich versöhnt werden. Dann kann ich »mit leichtem Gepäck« alt werden. Die bereits erwähnte Corrie ten Boom wollte diese Tatsache noch einmal verdeutlichen und ergänzte den Zuspruch: ... *er wird alle unsere Sünden in die Tiefen des Meeres werfen* (Micha 7,19) mit dem humorvollen und doch wichtigen Hinweis, dass dort ein Schild angebracht sei mit der Aufschrift »Angeln verboten«.

(Refrain) Gott, schaffe in mir,
schaffe in mir ein reines Herz,
und gib mir einen neuen, beständigen Geist.
Gott, schaffe in mir, schaffe in mir ein reines Herz.
Verwirf mich nicht, o Herr, von deinem Angesicht.

1. Gott, sei mir gnädig nach deiner großen Güte.
Vergib mir meine Sünde nach deiner Barmherzigkeit.

2. Du, der Gerechte, vor dir hab ich gesündigt
und dein Gebot missachtet, das du uns gegeben hast.

3. Wasche mich rein, Herr, und gib mir neue Freude.
Erneure, was zerbrochen und niedergeschlagen ist.

4. Heile den Schaden und öffne meine Lippen,
dass ich dich wieder loben und fröhlich bekennen kann.[4]

3. ICH MÖCHTE BEFREIT UND UNBELASTET LEBEN

Ich bin froh, dass Versöhnung mit anderen auf der Grundlage von Vergebung möglich ist. Versöhnte Menschen können sich unbelastet begegnen. Doch auch meine Beziehung zu Gott kann auf dieser Grundlage völlig befreit und unbelastet sein. Beide Beziehungen, die zu Gott und auch die zu den Menschen, gehören zusammen. Im sogenannten »Doppelgebot der Liebe« wird das präzise formuliert: *Du sollst den Herrn, deinen Gott lieben von ganzem Herzen, von ganzer Seele, von ganzem Gemüt ... und du sollst deinen Nächsten lieben wie dich selbst* (Markus 12,30-31). Darum hört mit dem Älterwerden neben der Beziehungspflege zu Menschen auch die Beziehungspflege zu Gott nicht auf.

Zu den Eltern meiner Frau hatte ich ein sehr gutes und herzliches Verhältnis. Eines Tages sollte mein Schwiegervater wegen einer relativ harmlosen Erkrankung operiert werden. Kurz bevor er ins Krankenhaus fuhr, rief er noch einmal bei mir an und sagte sinngemäß Folgendes: Man wisse ja nie, wie eine OP verlaufen wird und ob man sie überlebt. Deshalb möchte er sicher sein, dass zwischen uns alles geklärt ist. Falls er irgendwo an mir schuldig geworden sei, bitte er um Vergebung. Er möchte mit einem unbeschwerten Herzen ins Krankenhaus gehen und sich unbelastet Gott anvertrauen können. – Von Herzen konnte ich ihm versichern, dass nichts zwischen uns stand. Seine Operation verlief gut. Allerdings begannen nach einigen Tagen sehr schlimme Komplikationen, an deren Folgen er leider drei Wochen später verstarb. Ich durfte bis zu seinem letzten Atemzug an seinem Bett sein und beten. Wir hatten Frieden!

Was war das für ein guter Wunsch meines Schwiegervaters! Nichts sollte zwischen uns bleiben, damit wir ein offenes und befreites Verhältnis Gott gegenüber haben und uns ihm anvertrauen können. Bis heute fragt mich meine Frau vor dem Abendmahl gelegentlich: »Ist alles in Ordnung zwischen uns?« Unser Verhältnis zu Gott soll nicht durch menschliche »Ablagerungen« betrübt sein.

Im Epheserbrief (Kapitel 4) schreibt Paulus, wie Christen »standesgemäß« leben sollen. In Vers 30 fasst er seine

Aussagen über das Leben mit Jesus knapp und eindringlich zusammen: *Betrübt nicht den Heiligen Geist Gottes.* Er wusste, dass der Heilige Geist nur dann in unserem Leben wirkt, wenn wir ihn nicht durch Sünde oder Ungehorsam betrüben.

Dass dieses Thema im Alter und sogar im Dienst für Gott noch wichtig ist, davon erzählt Corrie ten Boom in ihren Büchern. Auf ihren Reisen geriet sie immer wieder in Situationen, wo sie Gott um Vergebung bitten musste. Beim Lesen war ich anfangs erstaunt darüber, dass sich eine so erfahrene Evangelistin immer noch mit ihrem eigenen Fehlverhalten, mit Launen, bösen Gedanken und dergleichen auseinandersetzen musste. Hatte ich doch gehofft, dass das alles im Alter einmal besser wird. Aber diese Hoffnung ist naiv und falsch. Stattdessen mache ich auch im Alter die Erfahrung: »Christen sind nicht besser, aber sie haben es besser.« Sie haben es besser, weil sie wissen, wer ihre Schuld entsorgen kann. Der Unterschied zu Menschen, die nicht mit Jesus leben, besteht zunächst nur darin, dass Christen von der Vergebung leben. Aber weil Vergebung der erfahrbare Beweis von Gottes Liebe ist, kann sie mich auch verändern.

Leider gibt es genügend Argumente, mit denen wir Sünde verbergen möchten. Wenn ich solchen Gedanken nachgebe, wird mein Gewissen verhärtet und ich beginne innerlich zu verkümmern. Gute Vorsätze wie: »Daran muss ich arbeiten« helfen nicht. Auch nicht gleichgültiges Kleinreden wie: »Egal, darüber mach ich mir keinen Kopp« oder: »Damit habe ich kein Problem.« – Psalm 32 zeigt, wie erst durch sein Schuldeingeständnis Davids traurige Situation in Freude verwandelt wurde. Er schrieb diesen Psalm als alter Mann. Er war nicht nur alt, er war auch erfahren und glaubenserprobt. Man würde ihn heute vielleicht als »reifen Christen« bezeichnen. Ausgerechnet er war in große Sünde gefallen: Er beging Ehebruch und veranlasste einen Mord. Als der Prophet Nathan ihn im Auftrag Gottes zur Rede stellt (2. Samuel 12), bekennt David (Vers 13): *Ich habe gesündigt gegen den Herrn. Darauf antwortete Nathan: So hat auch der Herr deine Sünde weggenommen.* – Das war eine unverzügliche und überraschende Befreiung. Danach schrieb David den Psalm 32 und beginnt ihn mit einem Jubel: *Wohl dem* (oder: *Der kann sich freuen), dem die Übertretungen vergeben sind… Denn als ich es* (die Sünde) *verschweigen wollte, verschmachteten meine Gebeine durch mein tägliches Klagen.* »Verschmachtete Gebeine« bedeuten, dass David auch körperlich von der Last seiner Schuld gebeugt wurde. Der Zusammenhang besteht bis heute: Solange meine

Sünde nicht vergeben ist, geht es mir schlecht, manchmal sogar körperlich. Vielen erscheinen solche Überlegungen nicht mehr zeitgemäß. Aber ohne Schuld zu bekennen und sie zu beichten, wird niemand geistlich wachsen können. Die innere Unruhe bleibt. Deshalb muss Seelsorge an alten Menschen unbedingt auch dieses Angebot machen. Ältere dürfen nicht mit flachen Worten vertröstet werden wie »Ich wünsch dir alles Gute«; »Bleib gesund«; »Es wird schon wieder«. Solche Wünsche sind zu wenig für die letzte Wegstrecke. Wirkliche Hilfe behandelt die Wurzel. Warum nicht fragen: »Weißt du, dass Jesus für deine Sünden gestorben ist?«; »Ist noch etwas ungeklärt?«. Wenn dann etwas bereinigt wird, entsteht daraus Trost!

Das Leben von alten Menschen ist zu kostbar, um es mit leeren Sprüchen zu beruhigen. Ich wünsche mir jedenfalls für mich, dass ich Gottes Angebot, mir zu vergeben, immer hören und annehmen kann. Und wo es möglich ist, möchte ich es weitergeben, auch im Krankenhaus oder im Hospiz. Ist das »Angstmachen«? Nein, es ist genau das Gegenteil. Denn Angst haben im Grunde alle, auch wenn sie darüber schweigen. Doch niemand muss die Angst und deren Ursache verdrängen. Jeder kann es so machen wie David, der seine Sünde bekannte und danach wieder in einer befreiten Beziehung mit Gott lebte.

Ganz anders ist damals König Saul, der Schwiegervater von David, mit seiner Schuld umgegangen. Er war ein Experte im Herausreden, im Erklären und im Weiterschieben. Er wollte auf keinen Fall sein Ansehen vor seinen eigenen Leuten beschädigen (1. Samuel 15,30). Doch mit einem guten Schein nach außen wurde er seine Schuld nicht los. Er hatte fortan keine Freude mehr, sondern war von Angst, Depressionen und Misstrauen geplagt.

In einem meiner ersten christlichen Lieder kommt der Satz vor: *Du rettest uns von Sünde, du rettest uns vom* (ewigen) *Tod.* (Das Lied heißt: *Ich will singen, singen mein Lied von dir.*) Damals meinte eine Bekannte, so könne man heute nicht mehr von Sünde und Schuld sprechen. Das sei nicht mehr zeitgemäß. – Wirklich nicht? Warum wird dann in unserer Gesellschaft ständig über die Schuld und das Fehlverhalten anderer diskutiert? Nach jedem Verkehrsunfall ist die erste Frage: »Wer ist schuld? Wer bezahlt?« Schuldzuweisungen und wieder Schuldzurückweisungen gehören zu den häufigsten öffentlichen Aktivitäten. Die Schuld wird hin- und hergeschoben. Das zeigt, dass wir Menschen bei diesem Problem völlig hilflos sind. Wir brauchen sowohl im persönlichen wie im öffentlichen Leben dringend Hilfe. Aber wer kann helfen? Es gibt keinen besseren Anwalt als Jesus. Er ist Experte in Sachen Vergebung. Er beschenkt uns mit einem echten Schuldenschnitt. Er hat die Vollmacht dazu, weil er selbst für alle Schulden aufkam. Das ist der zentrale Inhalt des Evangeliums. Damit möchte ich alt werden. Es erspart mir schon jetzt viel Zeit und Kraft. Es macht unnötiges Gerede überflüssig. Der Schuldenschnitt kann Familien- und Ehekonflikte lösen und macht sogar Anwaltskosten überflüssig.

Nun gibt es aber noch eine andere Form der Unversöhnlichkeit, die manche bis ins Alter belastet. Sie sind nicht versöhnt mit ihrem Leben, mit ihrem Schicksal, mit ihrem Aussehen, mit ihren Verlusten oder mit ihren Gaben. Sie hadern mit Gott und werden nicht froh. – Da fiel mir Arthur ein. Ich sehe ihn immer noch vor mir, den alten Arthur in einem Pflegeheim. Er war spastisch derart verkrampft und unkoordiniert, dass seine Arme und Beine an seinem Rollstuhl festgebunden werden mussten. Er konnte nicht sprechen, sondern nur irgendwelche Laute von sich geben. Ich glaube, sein Zustand war noch erbärmlicher als der des Gelähmten, den Jesus damals heilte. Arthur war so verkrüppelt, dass ich damals als 16-Jähriger am liebsten nur weggeschaut hätte. Doch genau dieser Arthur strahlte eine ungeheure Freude aus, wenn wir mit dem Posaunenchor in seinem Pflegeheim spielten. Sein Gesicht leuchtete, weil er die Texte der Lieder kannte. Für ihn zu spielen, war immer etwas Besonderes. Die Pfleger schoben seinen Rollstuhl meistens in die erste Reihe, sodass wir ihn genau vor uns hatten. Wenn dann vom Pfarrer noch etwas vom Evangelium gesagt wurde, konnten ihn nur seine Riemen festhalten, weil es ihn vor lauter Freude hin und her riss. Ich glaube, dass dieser Arthur trotz seiner schrecklichen Behinderung befreit und unbelastet mit Gott gelebt hat. Er war mit seiner Krankheit versöhnt. Er hatte seinen Zustand aus Gottes Hand angenommen. Er haderte nicht mit Gott, dass er ihn so gemacht hat und dass er ausgerechnet ihn so geführt und begabt hat. *Gott ist die Liebe* gehörte wohl zu seinen Lieblingsliedern. Dieser alte Arthur war ein Glaubensvorbild. Er war krank, aber versöhnt mit Gott.

Niemand wird in der Bibel zur Versöhnung hingeprügelt, sondern wir alle sind dazu eingeladen. Geradezu sensibel und fast zart klingt so eine Einladung in Psalm 19,13: *Wer kann merken, wie oft er fehlet? Verzeihe mir die verborgenen Sünden!* Das Besondere, was dieser Vers ausdrückt, ist, dass es in meiner Beziehung zu Gott nicht darum geht, dass ich nun auf keinen Fall irgendeine Sünde übersehen oder vergessen darf. Nein, Gott ist kein berechnender Kaufmann. Er ist wie ein liebender Vater, der nur darauf wartet, dass ich auf seine Zuwendung reagiere. Im Gleichnis vom »Verlorenen Sohn« (Lukas 15) erzählt Jesus, wie der Vater lange darauf gewartet hat, dass sein Sohn wieder nach Hause zurückkommt. Als der Sohn dann endlich kommt, vergibt ihm der Vater sofort und ohne kleinlich »abzurechnen«. Der Sohn darf gleich und ohne Probezeit wieder ganz unbeschwert Kind seines Vaters sein. – Genauso wartet Jesus auf uns, damit wir befreit von jeder Schuld und Sünde bei ihm im himmlischen Vaterhaus leben können. Ich möchte ihn nicht umsonst warten lassen.

(Refrain) Der Vater kommt uns entgegen,
in Jesus kommt er auf uns zu.
Er legt seine durchbohrten Hände
bergend und segnend auf uns.

1. Wenn wir noch nicht an ihn denken,
kommt er uns schon entgegen,
ihm noch kein Vertrauen schenken,
dann kommt er uns entgegen.

2. Wenn wir keinen Ausweg sehen,
kommt er uns schon entgegen,
mit der Not zu ihm hingehen,
dann kommt er uns entgegen.

3. Wenn wir Schuld beim Namen nennen,
kommt er uns schon entgegen,
das Versagen ihm bekennen,
dann kommt er uns entgegen.[5]

4. ICH MÖCHTE MICH TRAGEN LASSEN

Meine Mutter hatte es in ihrem Leben nicht leicht. Als Kriegerwitwe mit vier Kindern musste sie sich, wie viele Frauen damals in den Nachkriegsjahren, durchkämpfen. Sie litt unter ihrer Einsamkeit, unter ihrer Arbeitsbelastung und unter den Aufgaben als alleinerziehende Mutter. Wir Kinder sahen, dass sie oft weinte. Erstaunlich war, dass sie trotz dieser widrigen Umstände gern und schön gesungen hat. Beim Singen wurde sie fröhlich. Wenn irgend möglich, sang sie auch mit uns – keine Kunstlieder, sondern Choräle und neue geistliche Lieder.

Eines der Lieder, das ich früh von ihr hörte und lernte, war Jochen Kleppers *Ja, ich will euch tragen, bis zum Alter hin, und ihr soll einst sagen, dass ich gnädig bin*. Davon zu singen, dass Gott uns auch im Alter und durch schwere

Jahre hindurch tragen wird, klang damals fast trotzig. Oder war es nur ein frommer Wunsch? Nein, für meine Mutter war *Ja, ich will euch tragen* mehr als ein Wunsch und auch mehr als ein Lied. Für sie war es ein tröstender Zuspruch. Das Lied ermutigte sie, darauf zu vertrauen, dass Gott uns als Familie mit allem versorgen wird. Genauso war es auch! Ich behielt deshalb das wunderbare Lied mit der schönen Melodie im Gedächtnis. Und auf dem Hintergrund dieser Erfahrung möchte ich mich beim Altwerden von Gott tragen lassen.

Im Laufe meines Lebens habe ich es dann selbst erlebt, dass ich getragen wurde. Bei Geburtstagen in unserer Familie wird immer das Lied *Lobe den Herren, den mächtigen König der Ehren* gesungen. Besonders die dritte Strophe erinnert uns dann an Situationen im jeweils zurückliegenden Jahr, in denen wir getragen wurden – während einer Krankheit, bei besonderen Anforderungen und Aufgaben oder auf Reisen: *In wie viel Not hat nicht der gnädige Gott über dir Flügel gebreitet.* Sollte Gott in Zukunft seine Meinung ändern? Nein, das wird er nicht. Er wird mich tragen, auch wenn ich alt werde. Und wenn die Tage und Jahre kommen, *die uns nicht gefallen* (Prediger 12,1)? Wenn ich vielleicht einmal einsam oder krank bin? Gott hat versprochen, mich immer zu tragen.

In der Bibel gibt es viele ermutigende Sätze. Ich entdecke immer neue und freue mich darüber. Viele Liederdichter haben Worte und Gedanken aus diesem Schatz in ihren Texten verarbeitet, weil sie wussten: Was wir singen können, prägt sich umso besser ein. So zitiert Jochen Klepper in dem von meiner Mutter gern gesungenen Lied aus Jesaja 46,4: *Bis in euer Alter bin ich derselbe, und ich will euch tragen, bis ihr grau werdet.* Durch das Lied blieb das Wort vom Tragen in mir lebendig. – Auch im 91. Psalm wird versichert, dass Gott uns trägt. Die Verse elf und zwölf wurden mehrfach vertont (u. a. von Mendelssohn im »Elias« und von neueren Autoren zum Mitsingen): *Denn er hat seinen Engeln befohlen, dass sie dich behüten auf allen deinen Wegen, dass sie dich auf den Händen tragen und du deinen Fuß nicht an einen Stein stoßest.* Das ist auch für Ältere eine herrliche Zusage: Gott selbst erteilt seinen Engeln den Befehl, mich zu behüten und auf Händen zu tragen. Dass man so einen Satz singen muss, ist ja klar.

Psalm 37,5 ermutigt mich, darauf zu vertrauen, dass Gott meine Wege lenken wird. Paul Gerhardt hat nach diesem Vers eines seiner bekanntesten Lieder gedichtet: *Befiehl du deine Wege und was dein Herze kränkt der allertreusten Pflege des, der den Himmel lenkt.* Dieses Lied hat schon viele Menschen getröstet und wurde ihnen zu einer hilfreichen Stütze. Der Dichter hat sich den Zuspruch nicht selbst aus dem Ärmel gezogen, sondern er lässt das Wort Gottes sprechen. Das macht sein Lied so kraftvoll. Der Text ist inhaltlich eine gelungene Wiedergabe des Psalms und sprachlich eine kunstvolle Umsetzung der Bibelstelle. In einem sogenannten *Akrostichon* beginnt jede neue Strophe fortlaufend mit einem Wort aus dem Psalm. (1. **Befiehl** *du deine Wege*... 2. **Dem Herren** *musst du trauen*... 3. **Dein** *ewge Treu und Gnade*... 4. **Weg** *hast du allerwegen*... 5. **Und** *ob gleich alle Teufel*... 6. **Hoff,** *o du arme Seele*... 7. **Auf,** *auf, gib deinem Schmerze*... 8. **Ihn,** *ihn lass tun und walten*... 9. **Er** *wird zwar eine Weile*... 10. **Wird's** *aber sich befinden*... 11. **Wohl** *dir, du Kind der Treue*... 12. **Mach** *End, o Herr, mach Ende*...)

Ein befreundetes Ehepaar erzählte mir, dass ihre alten Eltern nun an dem Punkt angekommen seien, wo sie auf fremde Hilfe angewiesen sind. Bisher konnten sie alles selbstständig erledigen und entscheiden. Doch nun bräuchten sie Unterstützung und Pflege. Das sei für die Eltern eine demütigende Herausforderung, weil sie nun lernen müssten, sich tragen zu lassen. – Solche Einschränkungen gehören ja nicht selten zum Altwerden dazu: Die Mobilität wird eingegrenzt, weil das Autofahren nicht mehr geht, oder es fehlt die Kraft für die notwendigen Erledigungen im Haushalt. Schließlich sind auch selbstständiges Essen und die Körperpflege nicht mehr ohne Hilfe möglich. Um zu solchen Grenzen ein Ja zu finden, brauchen wir Demut. Demut bedeutet hier, zuzugeben, dass wir es nicht mehr allein schaffen. »Ich will mich tragen lassen« ist darum auch eine Entscheidung zur Demut.

Gottes Zusage »Ich will dich tragen« wurde schon von vielen Generationen vor uns getestet. Sie hat sich bisher immer als tragfähig erwiesen. Doch manchmal haben wir trotzdem Angst und wir zweifeln. Dieser Angst können wir nicht allein entgegensteuern, sondern wir brauchen Hilfe und Ermutigung, um sie zu überwinden. – Zusammen mit einer Reisegruppe konnte ich die großartigen Iguazú-Wasserfälle zwischen Brasilien, Paraguay und Argentinien besuchen. Da gibt es herrliche Wanderwege, die auch über schmale Brücken führen. Von oben kann man das herabstürzende Wasser bestaunen. Vor dem ersten hohen Steg blieb ein Mitreisender stehen und sagte: »Da kann ich nicht hinübergehen. Ich habe Höhenangst.« Was sollten wir nun tun? Umkehren? Obwohl ich auch nicht wirklich schwindelfrei bin, ging ich schließlich voraus und lief über die Brücke. Daraufhin kam er, ohne dabei in die Tiefe zu schauen, hinter mir her. Er wagte es trotz seiner Angst, über den Abgrund zu gehen, denn er vertraute darauf, dass die Brücke, die mich ausgehalten hat, auch ihn tragen wird.

An dieses Erlebnis möchte ich mich erinnern, wenn ich einmal Angst habe und daran zweifeln sollte, ob Gottes Tragkraft wirklich zuverlässig ist. Wenn mir die Knie zittern, weiß ich, dass andere schon vorausgegangen sind. Sie haben »Gottes Brücken« getestet und deshalb kann ich mich ebenfalls darauf verlassen. Ein altes Glaubenslied stellt die herausfordernde Frage, ob Gott womöglich bei mir eine Ausnahme machen könnte?

Keiner wird zuschanden, welcher Gottes harrt.
Sollt ich sein der erste, der zuschanden ward?
Nein, das ist unmöglich, du getreuer Gott.
Eher fällt der Himmel, eh mich täuscht dein Wort.[6]

Viele andere »Mitreisende« sind schon vor uns über Gottes Brücken vorausgegangen. Jesus selbst ist darübergegangen. Und noch mehr: Er selbst ist sogar die

Brücke über den Abgrund des Todes. Und wenn mein Weg durch das »dunkle Tal« des Todes führt? Dann sagt Psalm 23, dass er mich auch dort führen wird. Er ist als Erster vom Tode auferstanden, und ich kann darauf vertrauen, dass er mich »nachziehen« wird. Im Osterlied *Auf, auf, mein Herz, mit Freuden* wird von dieser logischen Folge der Auferstehung gesungen: *Ich hang und bleib auch hangen an Christus als ein Glied; wo mein Haupt durch ist gangen, da nimmt er mich auch mit.* Ob nun also im dunklen Tal oder auf der Brücke über den Abgrund – überall kommt es nur noch darauf an, dass ich in der Beziehung zu »meinem Haupt« bleibe und mich von ihm mitnehmen lassen.

Gott versprach damals Josua, dem »Amtsnachfolger« von Mose: *Ich lasse dich nicht fallen und ich verlasse dich nicht* (Josua 1,5b). In den darauffolgenden Jahren hatte Josua viele Gelegenheiten, dieses Versprechen zu testen. Am Ende seines Lebens wird bestätigt: *Es war nichts dahingefallen von all dem guten Wort, das der Herr dem Hause Israel verkündigt hatte. Es war alles gekommen* (Josua 21,45). Zur Jahreslosung für 2006 habe ich aus dem Bibeltext ein Lied gemacht, das mich an dieses Versprechen erinnern soll:

(Refrain) »Ich lasse dich nicht fallen
und ich verlasse dich nicht.«
So sagt es Gott zu allen, die hören, wenn er spricht.
Gott lässt uns niemals fallen und er verlässt uns nicht.

1. Sei mutig und sei stark,
hast du Angst, dann rede mit mir.
In allem, was noch kommen wird, bin ich bei dir.

2. Sei fröhlich, geh voran!
Halt dich immer nahe zu mir
und bleibe treu auf meinem Weg. Ich bin bei dir.

3. Vertraue auf mein Wort!
Es ist Kraft zum Leben von mir.
Und ich bin dann bei Tag und Nacht immer bei dir.[7]

5. ICH MÖCHTE MICH GEISTLICH GESUND ERNÄHREN

Während meiner Berufstätigkeit hatte ich viel mit ihm zu tun. Als wir uns wieder einmal begegneten, war er 90 Jahre alt. Er antwortete auf meine Frage nach seinem Ergehen ohne langes Überlegen: »Weißt du, je älter ich werde, desto mehr muss ich in der Bibel lesen.« Eine klare Aussage! Aber warum sagte er »muss«? Muss klingt doch so zwanghaft und gesetzlich. Möchte er damit vielleicht vor sich oder vor anderen etwas beweisen? Oder will er sich gar bei Gott beliebt machen? Nein, das »Muss« meines alten Freundes hat eine ganz andere und besondere Logik. Es ist die Logik, die sich am Gesetz des Lebens orientiert. Wenn nämlich Gottes Wort das *Brot des Lebens* ist (5. Mose 8,3; Matthäus 4, u. a.), muss sich jeder, der leben will, davon ernähren. Mein alter Freund wusste das. Darum »muss« er, je älter er wurde, umso mehr in der Bibel lesen. In anderen Worten: Um zu leben, muss er sich geistlich ernähren. (Interessant ist, dass das Wort »muss« auch von Jesus oft gebraucht wurde. Damit erklärt er die heilsgeschichtliche Bedeutung von Ereignissen: So »muss« er ins Haus von Zachäus einkehren [Lukas 19,5]. In Markus 8,31 sagt er, dass er viel leiden wird und getötet werden »muss«. Nach Johannes 4,4 »musste« er durch Samaria reisen. In der Endzeitrede [Matthäus 24] sagt er, dass alles so geschehen »muss«.) Der Gebrauch des Wortes »muss« steht also in der Bibel nicht für Zwang, sondern es unterstreicht die Wichtigkeit einer Sache. In diesem Sinne musste mein Freund in der Bibel lesen.

Als ich einmal eine CD mit Zinzendorf-Liedern aufgenommen hatte, schickte der Verleger Friedrich Hänssler eine Kopie davon an den damaligen Bundespräsidenten Johannes Rau. In seiner Antwort bedankte sich Rau besonders dafür, dass wir das Lied *Herr, dein Wort, die edle Gabe, diesen Schatz erhalte mir* aufgenommen hatten.

Sicher wusste er, was Jesus über sich selbst sagte: *Ich bin das lebendige Brot, das vom Himmel gekommen ist. Wer von diesem Brot isst, der wird leben in Ewigkeit* (Johannes 6,51). Und sicher wusste er auch, was es für Folgen hat, wenn dieses Brot nicht »gegessen« wird, wenn es verloren geht, wenn seine Wahrheit verdreht oder wenn es sogar missachtet wird. Zinzendorf selbst warnte im Lied davor, dass der Glaube dann kein Fundament mehr hat: *Wenn dein Wort nicht mehr soll gelten, worauf soll der Glaube ruhn? Mir ist's nicht um tausend Welten, aber um dein Wort zu tun.* – Dieses Lied ist für mich wie ein Warnschild: Achte darauf, wie und wovon du dich im Alter ernähren willst!

Gottes Wort zu missachten ist so, wie wenn gutes Brot in den Müll geworfen wird. Wenn es ignoriert wird, geht es verloren. Der Begriff »Wegwerfgesellschaft« trifft nicht nur auf den Umgang mit Lebensmitteln und Konsumartikeln zu. Wir leben vor allem geistlich in einer schlimmen Wegwerfgesellschaft, weil wir das, was uns ernähren kann, ignorieren. Und weil diese Lebensgrundlage weggeworfen wird, befinden wir uns nun in der Gefahr, auch noch das Leben zu verlieren. Für den Jünger Petrus war das eine unvorstellbare Option. Als Jesus die Jünger fragte: *Wollt ihr nun auch weggehen?*, antwortete Petrus: *Herr, wohin sollen wir gehen? Du hast Worte des ewigen Lebens!* (Johannes 6,68). Bereits Mose erklärte in seiner letzten Rede dem Volk Israel die Bedeutung von Gottes Wort: *Es ist nicht ein leeres Wort an euch, sondern es ist euer Leben, und durch dies Wort werdet ihr lange leben in dem Lande, in das ihr zieht* (5. Mose 32,47). Und Jesus bestätigte diesen Zusammenhang im Bericht von seiner Versuchung mit einem Zitat aus dem Alten Testament: *Der Mensch lebt nicht vom Brot allein, sondern von einem jeden Wort, das aus dem Mund Gottes geht* (Matthäus 4,4). Für Neugeborene ist die erste Priorität ihres Lebens die Nahrungsaufnahme. Wenn sie keine Nahrung bekommen, verhungern sie. Am Anfang brauchen sie leichte Kost, dann immer festere Nahrung. Petrus vergleicht die geistliche Nahrung für Christen, die neu zum Glauben kommen, mit der Milch für Säuglinge. Doch genauso wie Babys müssen auch Christen wachsen und sich dafür entsprechend ernähren. *Seid begierig nach der vernünftigen lauteren (unverdünnten) Milch… damit ihr durch sie zunehmt* (1. Petrus 2,2). Das ist ein Hinweis für jede Generation, zum Wohle ihres geistlichen Lebens auf gesunde und ausreichende Ernährung zu achten. Alte Menschen brauchen keine dünne Babynahrung in Form von geistlicher Schonkost, sondern kraftvolles Evangelium.

Denn wem man noch Milch geben muss, der ist unerfahren in dem Wort der Gerechtigkeit, denn er ist wie ein kleines Kind. Feste Speise aber gehört den Vollkommenen; sie haben durch steten Gebrauch geübte Sinne… (Hebräer 5,13-14).

Viele Ruheständler haben es in unserer Gesellschaft richtig gut, weil sie viel mehr Zeit für sich selbst zur Verfügung haben, als sie es während ihrer Berufstätigkeit hatten. Bei den meisten dauert dieser Lebensabschnitt auch noch viel länger, als das bei früheren Generationen der Fall war. In armen Ländern müssen Ältere, wenn sie überhaupt das Seniorenalter erreichen, bis zur letzten Erschöpfung für sich und ihre Familien arbeiten. (Ich habe das in Indien und Paraguay beobachtet.) Gleichzeitig bemerke ich bei uns, dass für manche die freie Zeit zu einem Problem wird. Ein alter Mann erzählte mir von seinem Hobby, dem er aus Angst vor Langeweile nachgeht. Er meinte: »Mit dem Hobby geht die Zeit besser rum.« – Nichts gegen Hobbys. Viele sind schön und können unser Leben wunderbar bereichern. Es sind Geschenke, über die wir uns freuen können. Aber wie schade ist es, wenn sich ältere Menschen mit etwas beschäftigen oder wenn sie durch ihre Betreuer oder ihre Angehörigen beschäftigt werden, nur damit »die Zeit besser rumgeht«. Die Möglichkeiten, freie Zeitfenster sinnvoll zu nützen, sind so vielfältig. Doch das Beste ist, dass wir nun genügend Zeit haben, um reichlich in Gottes Wort zu lesen und es zu hören.

Als ich noch mit festen Arbeitszeiten berufstätig war, habe ich mir morgens gern Zeit für die Stille genommen.

Dazu musste ich zwar etwas früher aufstehen, doch es war immer wertvoll. Der stille Tagesanfang hat sich lebenserhaltend ausgewirkt. Stille Zeit mit Gott stärkt, erfrischt und inspiriert. Als »Ruheständler« sitzen nun meine Frau und ich vor dem Frühstück mit einem Tee oder Kaffee jeder an seinem Schreibtisch. Beim Lesen der Bibel, Notieren von Gedanken und durch die Hilfe von Erklärungen und Kommentaren erschließt sich das »Lebensbrot«. Andachtsbücher sind eine gute Ergänzung, aber kein Ersatz für selbstständiges Bibellesen. Manchmal hören wir tagsüber oder abends noch gute Predigten und Vorträge an. Noch nie in der Menschheitsgeschichte standen ja so viele geistliche Impulse weltweit zur Verfügung – im Internet oder durch christliche Radio- und Fernsehprogramme. Es ist wie ein reichhaltiges Büffet mit vielseitigen geistlichen Angeboten! Und natürlich »ernähren« uns auch die Gottesdienste und Veranstaltungen unserer Gemeinde. Werden die »geistlichen Speisen« mit der Wahrheit aus Gottes Wort zubereitet, essen wir im wahrsten Sinne des Wortes Bio – also Leben.

Die Nahrung für unseren Körper soll gesund sein. Sie soll genügend Nährwerte und Vitamine enthalten, bekömmlich sein und nicht dick machen. (Letzteres ist manchmal eine Herausforderung.) Ein Blick auf die Titel von Fernsehprogrammen oder auf Werbeerzeugnisse zeigt, wie die Menschen zur intensiven Beschäftigung mit dem Essen angeleitet werden sollen. Das ist kein neuer Trend und schon gar kein neuer Seniorentrend. Das Thema Essen hat eine lange Tradition und leider auch uralte Schattenseiten. Die Bibel berichtet, dass manchen Menschen im Alter gutes Essen zu wichtig wurde. Einer davon war der Erzvater Isaak. Er war schon altersblind. Aber noch im hohen Alter war er ein Feinschmecker (1. Mose 25,28 und 27,4 f). Seine Vorliebe für sein Leibgericht hatte tragische Folgen in seiner Familie. Auch sein Sohn Esau war gesteuert von seiner Schwäche fürs Essen. Auch er musste dafür bittere Konsequenzen tragen (1. Mose 25,30). Auf dem Hintergrund solcher Geschichten warnt Paulus im Neuen Testament vor Leuten, deren Gott der Bauch ist (Philipper 3,19).

Unbestritten ist die Ernährung des Körpers im Alter nicht unwichtig. Aber vor allem braucht unser innerer Mensch gesunde Nahrung, um geistlich nicht wegen falscher Ernährung oder wegen Unterernährung zugrunde zu gehen. Darum möchte ich prüfen, ob ich mich richtig und ausreichend mit Gottes Wort ernähre. Worauf sollte ich dabei achten? Und wie kann ich geistlich satt werden? Wie schon gesagt, geschieht die Aufnahme geistlicher Nahrung vor allem durch das Hören und Lesen von Gottes Wort. Zeitschriften oder Sekundärliteratur sind kein Ersatz dafür. Ich möchte direkt »aus der Quelle« schöpfen. In einem ICE beobachtete ich einmal einen Asiaten, der intensiv in der Bibel las. Noch nie habe ich öffentlich einen Europäer beim Bibellesen beobachtet. Ist das nicht ein Hinweis auf unseren geistlichen Ernährungszustand? Ich fürchte, dass die Menschen in Europa auch nach der Reformation wieder an ernster geistlicher Unterernährung leiden.

Eine Entdeckung, die ich immer wieder mache, ist, dass sich die Bibel selbst erklärt. Je öfter ich sie mit ihren verschiedenen Teilen und Kapiteln zusammenhängend lese, umso mehr verstehe ich sie. Durch Wiederholungen werden Zusammenhänge und Bezüge erkennbar. Beim fortlaufenden Lesen entdecke ich auch unerwartet Neues, was ich bei einem nur auszugsweisen Lesen übersehen hätte. Manche Bibelausgaben sind so gestaltet, dass man damit einmal pro Jahr die ganze Bibel durchlesen kann. Meine tägliche Bibelzeit beginne ich gern mit einem Psalm. Spricht mich einer besonders an, versuche ich, ihn auswendig zu lernen. Mit Psalmen werden meine Gedanken geordnet, besonders wenn ich innerlich noch unruhig bin. Nicht selten erweisen sich Psalmen auch als treue Helfer in schlaflosen Nachtstunden!

Manche sagen, für sie sei die Aufnahme von geistlicher Nahrung ein mühsamer, langweiliger und quälender Prozess. Sie leiden gewissermaßen unter »geistlichen Essstörungen« und lassen darum ihre Bibel von vornherein unbenutzt im Regal stehen. (Die Bibel ist wahrscheinlich deshalb zwar der erfolgreichste, zugleich aber auch der verstaubteste Bestseller.) Dabei kann sich das Sprichwort »Der Appetit kommt beim Essen« (François Rabelais, 1494 – 1553) auch beim Bibellesen bewahrheiten, denn geistliche Mahlzeiten werden darin als sehr erfreulich beschrieben, etwa in Psalm 19,8: *Das Gesetz des Herrn ist vollkommen und erquickt die Seele.* Manche Verse klingen geradezu gourmethaft und schwärmerisch, wie Psalm 19,10.11: *Die Rechte des Herrn sind… süßer als Honig und Honigseim* oder Psalm 119,103: *Dein Wort ist meinem Munde süßer als Honig.*

Dranbleiben lohnt sich! Ich erlebe jedenfalls positive Langzeitwirkungen durch regelmäßige »gesunde Mahlzeiten« aus Gottes Wort. Die Bibel kann das ganze Leben verändern. Hier erkenne ich Jesus, den Messias, und begegne ihm. Hier ist er verborgen und gleichzeitig zu finden. Hier spricht er mit mir. Hier wird die Sehnsucht nach Leben geweckt und gleichzeitig gestillt. Hier ermutigt und inspiriert er mich. Hier offenbart Gott sein Wirken in der Schöpfung und seine Heilsabsichten in der Geschichte. Hier zeigt er mir auch beim Älterwerden seine Pläne für mich. Und immer wieder sind es die Psalmen, die mich ermutigen und meine Gedanken dazu anregen, Gott zu loben.

Die Bibel lehrt uns auch, wie wir die »Zeichen der Zeit« zu deuten haben und wie man falsche Lehren erkennen kann. Mit ihr lernen wir, theologische Richtungen und Lehren zu unterscheiden. Schließlich erfüllt uns das Wort Gottes immer neu mit Freude und drängt uns dazu, aus Liebe anderen Menschen von Jesus und vom ewigen Leben weiterzusagen. Das alles sind Gründe, weshalb ich mich mit dieser gesunden Speise ernähren will. *Ich will mich darüber freuen wie einer, der große Beute macht* (Psalm 119,162).

Auf einen indirekten Ernährungsfaktor möchte ich noch hinweisen: Wer speisen will, braucht dafür Zeit. Bei der Nahrungsaufnahme für den Körper scheint vielen Menschen diese Zeit zu fehlen. Es muss schnell gehen und Fast Food ist inzwischen allen geläufig. Aber mit einem schnellen Happen hier und einem kleinen Snack dort ist gesunde Ernährung nicht möglich. Ebenso kann ich meinen inneren Menschen auf Dauer nicht mit Fast Food gesund ernähren. Er braucht mehr als kleine Happen oder Snacks. Er braucht auch mehr als nur geistliche »Leckerbissen« in Form von Lieblingsversen oder einem Losungswort. (Im Losungsbüchlein mit seinen zwei Bibelstellen täglich wird im Vorwort ausdrücklich dazu eingeladen, »die biblischen Texte in ihrem Zusammenhang zu lesen«. Die Angaben für eine »fortlaufende Bibellese« führen die Leser über längere Zeiträume durch die ganze Bibel.) Darum: Wenn ich geistlich speisen will, brauche ich Zeit dafür.

Ich kenne gefährliche »Zeitdiebe«, die mich vom »geistlichen Speisen« ablenken wollen. Da muss ich wachsam sein und prüfen, ob wirklich alles wichtig und hilfreich ist, was mir an Spielen, Unterhaltung oder Beschäftigungen angeboten wird. Nicht jede Talkshow lohnt sich und nicht jede Sendung muss ich sehen. Nicht jede Zeitschrift muss ich durchblättern und nicht jede Banalität auf Facebook anklicken. – Ein Kollege klagte einmal über seine Oma: »Täglich sitzt sie ab der Abendschau für den Rest des Abends vor dem Fernseher.« Wie ist das bei mir? Welche Einflüsse lasse ich abends auf mein Leben einwirken? Denn so, wie ich meinen Abend verbringe, wird es am Morgen weitergehen. Und so, wie ich den Samstag gestalte, wird auch mein Sonntag sein.

Und wenn ich einmal nicht mehr selbstständig lesen kann, dann wünsche ich mir, dass mir jemand die Bibel vorliest. Den Älteren die Bibel vorzulesen, ist eine wichtige diakonische Aufgabe für Einzelne, für Kirchen und Gemeinden. Warum nicht in den Seniorenkreisen die großartigen Berichte und Weisheiten über das Leben vorlesen. Und wenn keine geeigneten Vorleser da sind, steht die Hör-Bibel als wunderbarer Dienstleister zur Verfügung. Warum also nicht Bibellesen als Seniorenprogramm anbieten? Ich würde mich darüber freuen. Wenn das Wort Gottes unser Leben und unsere Freude ist, darf es keiner Generation vorenthalten werden! Wir wollen im Alter keine biblischen Analphabeten bleiben. Darum möchte ich mich geistlich gesund ernähren.

(Refrain) Herr, ich freue mich über dein Wort wie einer,
der große Beute macht.

1. Dein Wort deckt eigne Wege auf,
vergibt und ordnet neu,
es gibt uns Mut zum Weitergehn
und macht uns fest und treu.

2. Dein Wort sprengt Sorgenberge weg
und lenkt den Blick zu dir,
gibt Kraft, um Nöte durchzustehn,
hilft zur Bewährung hier.

3. Dein Wort gibt Freude jeden Tag,
ist Trost auch in der Nacht.
Es gilt in alle Ewigkeit,
in ihm ist Gottes Macht.

4. Dein Wort schenkt Liebe für die Welt,
zeigt die Verlorenheit,
lädt uns und durch uns alle ein
zum Fest der Ewigkeit.

5. Das Wort bist du, Herr Jesus Christ,
vom Vater ausgesandt,
gehorsam bis zum Tod am Kreuz
und der, der auferstand.[8]

6. ICH MÖCHTE BETEN KÖNNEN

Nach einem Gottesdienst erzählt mir G. mit wachen Augen von seinen Enkeln. Er war über achtzig Jahre alt und hatte viel Erfreuliches zu berichten. Manches machte ihm allerdings auch Sorgen. Schließlich beendete er unser kurzes Gespräch mit dem Satz: »Da habe ich viel zu beten.« – Ich dachte auf dem Heimweg: Was ist das für ein Privileg für die Enkel, dass sie einen Großvater haben, der für sie betet. Ganz sicher tun das viele Großeltern: Wir beten für unsere Enkel. Dadurch tragen wir die Probleme der Jungen mit und freuen uns gleichzeitig über das, was ihnen gelingt. Unsere Gebete werden zum Segen für unsere Familien. Wir üben damit sogar einen größeren Einfluss aus, als wenn wir die nächste Generation nur kritisch beobachten und nörgelnde Vorschläge machen. Beten ist eine wichtige Lebensaufgabe. Wir übernehmen damit Verantwortung für das, was um uns herum vor sich geht. Das gilt nicht nur für Großeltern, sondern auch für Tanten, Onkels oder Singles und alle, die für andere beten!

Ich bin dankbar für Menschen, die für mich gebetet haben. Von manchen weiß ich es, von anderen werde ich es wohl erst in der Ewigkeit erfahren. Sicher gehörten meine Großeltern dazu. Vor allem hat meine Mutter für mich und für meine drei Geschwister gebetet. Wir wurden dadurch vor manchem falschen Weg bewahrt. Leider fanden wir erst nach ihrem Tod einer nach dem anderen zu Jesus. Ihre Gebete wurden erhört, auch wenn sie es nicht mehr erlebt hat.

Einem anderen, der für mich gebetet hat, bin ich nur zweimal kurz begegnet. Das erste Mal sah ich ihn von Weitem während einer Tagung. Beim zweiten Mal sollte ich auf einer Veranstaltung einen Chor dirigieren und lief auf dem Weg zum Podium an ihm vorbei. Es war Paul Deitenbeck. Ohne mich aufzuhalten, sagte er nur: »Bruder Schnitter, tägliches Gedenken.« Erst hinterher hatte ich Zeit zum Überlegen. Ob er damit etwa sagen wollte, dass er täglich für mich betet? Ein Pastor, den ich kaum kannte, betet für mich, ohne dass ich etwas davon wusste? Seine Tochter meinte später: »Wenn er das so gesagt hat, dann macht er das auch.«Dieses Erlebnis ist für mich zu einer Herausforderung geworden: Können sich andere auf mein »tägliches Gedenken« verlassen, auch wenn sie nichts davon wissen?

Beter können viel bewegen. Was wohl die betenden Großmütter in der ehemaligen Sowjetunion, die sprichwörtlichen »Babuschkas«, alles bewegt haben? Noch ist es ein Geheimnis. Und auch der Anteil, den viele Beter in der ehemaligen DDR – nicht nur bei den Montagsgebeten in der Leipziger Nikolaikirche – an der »Wende« hatten, ist noch verborgen. Hier muss ich auch von dem 78-jährigen M. berichten. Er saß mir mit strahlenden Augen bei einem Männerabend gegenüber. Wir kamen nach dem Vortrag ins Gespräch und ich erzählte ihm von unserer Zeit in Paraguay. Da unterbrach er mich. »Paraguay? Ich bete regelmäßig für Paraguay.« Auf meine erstaunte Rückfrage, wie er denn dazu komme, begann er: »Jeden Abend ab 20.00 Uhr bete ich für ...« Und dann sagte er, dass er vor sich Landkarten ausbreitet und systematisch auch für solche Länder betet, die er nie besucht hat und auch nie sehen wird. Ich war sehr erstaunt über diesen treuen und wichtigen Dienst eines älteren Mannes!

Dienst? Ja, das Gebet ist bis ins Alter der ehrenvollste, schönste und wichtigste Dienst schlechthin. Es ist Gottes

Auftrag! Schon beim Abschnitt »geistlich gesund ernähren« habe ich daran erinnert, dass wir nach dem Berufsleben viel mehr Zeit für Gottes Wort zur Verfügung haben. Wir haben auch viel mehr Zeit zum Beten. Ohne großen Aufwand – ich muss dafür nicht einmal das Haus verlassen – kann ich andere Menschen begleiten und ihre Anliegen vor Gott bringen. Als Beter unterstützen wir das Leben und die Arbeit der christlichen Gemeinden vor Ort und weltweit. Wir bleiben dadurch Mitarbeiter im Reich Gottes. Wenn wir für politische Entwicklungen und Menschen in öffentlicher Verantwortung beten, arbeiten wir sogar mit am kleinen und großen Weltgeschehen. Beter haben also viele und ungeahnte Möglichkeiten, ihre Zeit zu nützen. Für meine Frau und mich gehören die Gebetstreffen in unserer Gemeinde zu den Höhepunkten der Woche. Und was für eine Freude ist es, wenn wir von erhörten Gebeten erfahren!

Die Aidlinger Diakonissen haben neben ihrem Mutterhaus das »Haus Weitblick« für die Schwestern im Ruhestand gebaut. Die Aussicht von diesem Haus hinunter ins Tal ist schön. Aber ich nehme an, dass sich hinter dem Namen noch mehr verbirgt als eine schöne Aussicht. Die Ruhestandsschwestern sind nämlich, so wie in anderen Mutterhäusern auch, Beterinnen. Sie beten für die Aufgaben ihres Werkes, für Missionare und für Menschen mit Sorgen oder Problemen. Sie beten für die Krisengebiete in der Welt, für verfolgte Christen und noch vieles andere. Wenn wir manchmal Schwestern aus diesem Haus treffen, merken wir an ihren teilnehmenden Fragen und ihrem wachen Interesse, dass sie sich nicht zurückgezogen haben. Sie nutzen tatsächlich mit »Weitblick« ihren Ruhestand aus. Was wäre das Aidlinger Pfingstjugendtreffen ohne die Fürbitten dieser alten Schwestern!

Unser Gespräch mit dem lebendigen Gott muss nicht verstummen, wenn wir alt werden und unser Leben beschwerlicher wird. Es gibt keinen Grund, damit aufzuhören. Die Bibel berichtet, wie gerade alte Menschen in schwierigen Lagen ihr Herz vor Gott ausgeschüttet haben: Der damals schon sehr alte Abraham hatte ein großes Problem, als er den fremden Priesterkönig Abimelech betrogen hatte. Und dann heißt es knapp: *Abraham betete zu Gott* (1. Mose 20,17). Hanna, die Mutter von Samuel, war ebenfalls schon älter. Von ihr heißt es, sie betete zum Herrn und weinte sehr wegen ihrer Kinderlosigkeit (1. Samuel 1,10). Gott hat sie erhört. Auch Hanna und der alte Simeon aus der Weihnachtsgeschichte beteten. Simeon hatte die Botschaft von Gott bekommen, dass er den Messias sehen werde. Nun hielt er ihn betend auf seinem Arm (Lukas 2,26ff).

Die Aufforderungen von Jesus und von den Aposteln zum Beten gelten natürlich immer auch für Ältere, zum Beispiel wenn Jesus seine müden Jünger in Gethsemane ermahnt: *Wachet und betet, damit ihr nicht in Anfechtung fallt* (Matthäus 26,41 und Markus 13,33). Später, als Petrus inhaftiert wurde, betete die erste Gemeinde ohne Aufhören für ihn (Apostelgeschichte 12,5). Paulus bittet die Gemeinde in Thessaloniki, beim Beten nicht nachlässig zu werden: *Betet ohne Unterlass!* (1. Thessalonicher 5,17). Und Jakobus fordert dazu heraus, viel mehr vom Beten zu erwarten: *Ihr habt nicht, weil ihr nicht bittet* (Jakobus 4,2). Gerade in solchen Zeiten, wo wir schwach sind oder uns müde fühlen, ist Beten die beste Lebenshilfe.

Ich brauche allerdings für mein persönliches Beten eine gewisse Ordnung, damit es lebendig bleibt. Ich weiß, dass es auch noch andere Hilfen gibt, aber eine hat sich bei mir bewährt: In einem kleinen Heft notiere ich mir die Namen von Menschen und die Anliegen, für die ich beten möchte. Für manche Personen oder Aufgaben bete ich dann täglich, für andere einmal pro Woche. In dem Heft gibt es auch die besonderen Seiten, auf denen ich mir notiere, wenn Gott Gebete erhört hat. Das inspiriert wiederum das Danken.

Als unsere Kinder noch kleiner waren, hatten wir einen Schuhkarton aufgestellt, in dem sie (und wir) im Laufe eines Jahres Notizen einwerfen konnten mit Erlebnissen, die sie mit Jesus gemacht haben, oder zu Dingen, über die sie sich besonders freuten. Dafür wollten wir dann an Silvester danken. Natürlich wurden das die schönsten Silvesterfeiern, die wir als Familie erlebten. Noch immer schauen wir Eltern unsere Hefte des jeweils vergangenen Jahres durch und freuen uns auf die Silvesterabende, um gemeinsam Gott zu danken.

Jemand könnte nun einwenden, dass das ja alles ein schönes Hobby ist. »Schön für dich, aber ich brauche das nicht.« Dieser Einwand wäre nicht richtig. Beten ist mehr als ein Hobby, und es ist wichtiger als ein Hobby. Die Welt lebt nämlich von den Betern. Im Dritten Reich und in der Nachkriegszeit erkannte der Schriftsteller Reinhold Schneider (1903–1958) die Bedeutung des Betens und schrieb darüber sein berühmtes Gedicht.

Allein den Betern kann es noch gelingen
Das Schwert ob unsern Häuptern aufzuhalten
Und diese Welt den richtenden Gewalten
Durch ein geheiligt Leben abzuringen.

Denn Täter werden nie den Himmel zwingen:
Was sie vereinen, wird sich wieder spalten,
Was sie erneuern, über Nacht veralten,
Und was sie stiften, Not und Unheil bringen...

Der Auftrag *Wachet und betet* ist nicht etwas, das wir mal tun und ein andermal lassen könnten. Vom Gebet hängt alles ab. Unsere Familien, unsere Freunde und Bekannten brauchen unser Gebet. Leben und Wachstum in jeder Gemeinde hängen von den Betern ab, die hinter ihr stehen. – Ich fragte einen Mann, dessen Ehe gerade am Zerbrechen war, ob er mit seiner Frau schon für die Probleme in seiner Ehe gebetet habe. Beide waren kirchlich engagiert und ich konnte deshalb annehmen, dass in dieser Familie gebetet wird. Zu meinem großen Erstaunen antwortete er: »Nein, wir haben als Ehepaar noch nie zusammen gebetet.« Die Ehe wurde leider geschieden. Wenn Menschen Gott kein Mitspracherecht in ihrem Leben einräumen, brauchen sie sich auch nicht zu wundern, wenn es misslingt. Darum will ich, je älter ich werde, umso mehr beten, so wie mein alter Freund, der umso mehr in der Bibel lesen »muss«, je älter er wird.

Der englische Theologe John Henry Newman (1801–1890) meinte: »Beten ist das Atemholen der Seele.« Alle wissen, dass jeder, der lebt, atmen muss. Und alle wissen auch: Wenn das Atmen aufhört, hört das Leben auf. Darum will Newman davor warnen, dass wir unsere Seele nicht dadurch kaputtgehen lassen, weil wir nicht beten. Ohne Gebet verkümmert unsere Beziehung zu Gott, und es verkümmern auch die Beziehungen untereinander. Deshalb »muss« in Ehen und Familien gebetet werden.

Kann man Beten lernen? Kinder und Jugendliche lernen es von den Erwachsenen. Sie sollen es sehen und hören können, wenn ihre Eltern und Großeltern beten. »Learning by doing« gilt auch beim Beten sowohl für Kinder wie für Erwachsene. Und dann ist das »Vaterunser« eine perfekte Anleitung dafür, mit welchen Inhalten und Anliegen wir Gott ansprechen können. Dieses »Mustergebet« aus Matthäus 6,9f und Lukas 11,2f beginnt mit Anbetung: *Vater unser, der du bist im Himmel! Dein Name werde geheiligt.* Dann kommen die Anliegen Gottes: *Dein Reich komme. Dein Wille geschehe wie im Himmel so auch auf Erden.* Gefolgt von den menschlichen Bitten. Auch die Psalmen sind gute Helfer, um Beten zu lernen. Darüber hinaus gibt es in der Bibel auch Stoßgebete (Matthäus 8,25; Lukas 18,38). Deshalb dürfen unsere Gebete auch mal ganz spontan sein und können mit Bitten oder Klagen beginnen. Bitten, Klagen und Fragen drücken ja aus, dass ich bedürftig bin und es allein nicht schaffe. Auch das ehrt Gott.

Das persönliche Beten wird sich im Laufe der Zeit nicht nur auf meine eigenen Anliegen beschränken. Je vertrauter ich mit Gott werde, umso mehr will ich ihn auch loben und ihn anbeten. Genauso wie beim Aufnehmen seines Wortes erfahre ich beim Beten seine Gegenwart. Ich trete ein in die unvorstellbare Wirklichkeit des himmlischen Thronsaals. Von dieser Herrlichkeit berichten im Alten Testament u. a. Jesaja (Kapitel 6), Hesekiel und Daniel. Im Neuen Testament beschreibt besonders die Offenbarung in Kapitel 4 und 5 den »Thron Gottes« und berichtet, dass dort sogar die »Gebete der Heiligen« in goldenen Schalen gesammelt werden. So wertvoll sind unsere Gebete vor Gott!

Das könnte jetzt ein wenig schwärmerisch und emotional klingen. Dabei erfahre ich Gottes Gegenwart meistens ganz nüchtern etwa dann, wenn auf einmal ein Wort oder ein Gedanke vor mir aufleuchtet. So erinnere ich mich an einen Tag, als ich vor ziemlich großen und unüberwindbaren Arbeitsbergen stand. Da las ich morgens das Wort: *Berge zerschmelzen wie Wachs vor dem Herrn* (Psalm 97,5). Genauso kam es dann. Oder ich erfahre Gott, wenn mir beim Beten jemand einfällt, um den ich mich kümmern sollte. In der Sorge über die politischen Entwicklungen wurde ich auf einmal durch Psalm 33,10 getröstet: *Der Herr macht zunichte der Heiden Rat und wehrt den Gedanken der Völker.* Beinahe alle Ideen für meine Lieder sind mir beim Beten oder Bibellesen eingefallen. Den Glanz aus der Ewigkeit erlebe ich zumindest äußerlich meistens ganz unspektakulär. In ihrem Lied *So nimm denn meine Hände* beschreibt Julie Hausmann (1826–1901) diese Erfahrung in der dritten Strophe so: *Wenn ich auch gleich nichts fühle von deiner Macht, du führst mich doch zum Ziele auch durch die Nacht.* Das will sagen: Wenn meine Gebetszeit auch noch so normal abläuft, erlebe ich doch bei der Anbetung und dem Lob Gottes seine Heiligkeit und Nähe.

Ich möchte bis ins Alter den Anfang von Psalm 34 beten können: *Ich will den Herrn loben allezeit; sein Lob soll immerdar in meinem Munde sein.* Ein Evangelist sagte einmal in einem Vortrag, er würde gern mit einem Loblied auf den Lippen sterben. Mit dieser fröhlichen Vorstellung und mit dem Weitblick eines Beters möchte ich alt werden. – Das Lied aus Offenbarung 15 kann mein Loben inspirieren.

(Refrain) Groß und wunderbar sind deine Werke.
Herr, allmächtiger Gott.

1. Gerecht und wahrhaftig sind deine Wege,
du König der Völker.

2. Wer sollte dich, Herr, nicht fürchten
und deinen Namen nicht preisen?
Denn du allein bist heilig!

3. Alle Völker werden kommen und anbeten vor dir,
denn deine gerechten Gerichte sind offenbar geworden.[9]

7. ICH MÖCHTE ERNEUERT WERDEN

Es gibt manche Sätze, die mich ärgern, zum Beispiel dieser: »Das haben wir schon immer so gemacht.« Auch Sätze, die mit »früher« beginnen, gefallen mir nicht immer: »Früher gab es bessere Lieder.« – »Früher haben die Jungen den Alten noch gehorcht.« – »Früher hätte es so etwas nicht gegeben.« Oder einfach: »Früher war alles besser.« – Menschen, die so denken und verklärt von »früher« reden, tun das wahrscheinlich, weil sie sich ungern auf neue Situationen und Herausforderungen einstellen wollen. Sie sind auch nicht offen für neue Kontakte und Begegnungen mit anderen Menschen. Dieses Problem haben nicht nur Ältere. Auch für Jüngere ist es schwer, Veränderungen zu akzeptieren. Da staune ich umso mehr, dass es in der Bibel oft alte Menschen sind, mit denen Gott eine neue Geschichte beginnt: Mit Abraham und Sarah, mit Mose, mit Kaleb oder mit Elisabeth und Zacharias. Das ermutigt mich, im Zusammenhang mit dem »Altwerden« auch das Thema »erneuert werden« anzusprechen.

Meine Frau und ich waren während einer Chorreise in den USA einmal bei einem älteren Ehepaar einquartiert. Diese liebenswerten Ruheständler erzählten uns von ihren Erfahrungen bei ihrem Ausstieg aus dem aktiven Berufsleben. Sie hätten sich damals fit genug gefühlt, um noch einmal etwas Neues in Angriff zu nehmen, wenn möglich bei einem missionarischen Einsatz im Ausland. Darum sprachen sie mit Gott darüber: »Herr, du kannst uns irgendwohin in die Welt senden. Nur, bitte, schicke uns nicht an einen Ort, wo wir eine neue Sprache lernen müssten. Das schaffen wir nicht mehr.« – Das Gebet samt seiner treuherzigen Einschränkung wurde erhört. Als Bauingenieur konnte er in Südamerika beim Bau von Gebäuden für einheimische Gemeinden mithelfen. Das ging offenbar auch ohne Kenntnis der Landessprache. – Am nächsten Tag auf der Weiterreise haben wir uns im Bus noch einmal über unsere Gastgeber unterhalten und uns gefragt, ob wir auch bereit wären, uns Gott im Ruhestand so zur Verfügung zu stellen.

Einige Jahre vergingen, und ich hatte den Sechsundsechzigsten hinter mir. Da erreichte uns plötzlich eine Anfrage aus Paraguay mit der Bitte, einen zweijährigen musikalischen Dienst in der Hauptstadt Asunción zu übernehmen. Ein bisschen waren wir zwar schon innerlich vorbereitet, aber diese E-Mail hat uns doch überrascht. Dann haben wir überlegt, gebetet und geprüft, bis wir schließlich loszogen. Die Zeit dort wurde für uns zu einer großartigen und herausfordernden Erfahrung, in der wir viel Anderes und Neues kennenlernten. Wir begegneten neuen Menschen, lernten eine für uns neue Kultur kennen, hörten neue Musik, erlebten andere Gottesdienstformen und mussten sogar mit dem teilweise abenteuerlichen Verkehrsverhalten der Lateinamerikaner zurechtkommen. Im Nachhinein können wir für diesen Einsatz nur danken. Wir hätten so viel verpasst, wenn wir die Einladung abgelehnt hätten!

Als wir loszogen, war ich fast 67 Jahre alt. Zuvor verabschiedeten wir uns von unseren Freunden, Kollegen und Nachbarn. Ein alter Mann schüttelte verwundert den Kopf und meinte: »Wie können Sie so weit weg gehen? Ich bin hier geboren und schlafe nun schon seit siebzig Jahren im gleichen Zimmer.« – Über diese nette und originelle Formulierung haben wir noch lange geschmunzelt. Doch ich fragte mich auch, was sich wohl im Leben dieses Mannes im Laufe der sieben Jahrzehnte verändert hat. Wurde etwas erneuert? Gewiss, Veränderungen und Erneuerungen hängen nicht notwendigerweise von Ortswechseln ab. Doch wer sich Erneuerungen wünscht, sollte zumindest innerlich mobil bleiben. Vor allem hat die geistliche Erneuerung etwas mit der Bereitschaft zu tun, sich hinterfragen zu lassen. (Eine Frage, die mich hier bewegt, ist, ob vielleicht in unserem Land ein Zusammenhang besteht zwischen der immer noch zunehmenden Zahl schöner Eigenheime und der abnehmenden Zahl von Missionaren? Steht materielle Sicherheit vor geistlicher Mobilität?)

Wer einmal in den Zyklus der runden Geburtstage und Jubiläen eingetreten ist, dem werden bei entsprechenden Anlässen von lieben Mitmenschen gut gemeinte, aber oft banale Ratschläge und Wünsche zugesprochen. Solche Sprüche sollen beim Altwerden helfen: »Halt die Ohren steif.« – »Man ist so alt, wie man sich fühlt.« – »Mach das Beste draus.« – »Genieße den wohlverdienten Ruhestand.« Der schlechteste Spruch, den ich gehört habe, ist: »Bleib, wie du bist.« Er offenbart ebenso wie die anderen Wünsche eine tief sitzende und ängstliche Ahnung, dass womöglich Veränderungen auf uns zukommen, die wir nicht selbst kontrollieren können.

Doch müssen wir im Alter wirklich noch erneuert werden? Und wenn, was wären das für Erneuerungen? Auch bei dieser Frage wurde ich durch die Bibel überrascht. Da wird zuerst einmal ganz offen und schnörkellos vom Prozess des Altwerdens gesprochen. Gleichzeitig werden unerwartete und ganz neue Perspektiven eröffnet. So schreibt Paulus im 2. Korintherbrief (4,16) die bemerkenswerte These: *Wenn auch unser äußerer Mensch zerfällt, wird doch der innere von Tag zu Tag erneuert.* Realistisch und trocken wird im ersten Halbsatz gesagt, dass die biologische Linie unseres Lebens unaufhaltsam nach unten geht. Unser Körper mit allen seinen Funktionen und Organen zerfällt. Alle Bemühungen, diesen Prozess aufzuhalten, zögern ihn bestenfalls etwas hinaus. Selbst mit der neuesten Medizin geht der Zerfall weiter, ebenso wie hinter dem teuersten Make-up.

Diese ehrliche Beschreibung wäre nun furchtbar trostlos, würde nicht nach dem ersten Satzteil *(Wenn auch unser äußerer Mensch zerfällt)* der zweite folgen: *... wird doch der innere von Tag zu Tag erneuert.* Dieser Nachsatz ist für mich eine unverhoffte Überraschung: Der innere Mensch wird von Tag zu Tag erneuert! Wirklich? Geht die geistliche Entwicklungslinie unseres Lebens wirklich nach oben, während die körperliche gleichzeitig nach unten führt? Geschehen Abwärts und Aufwärts in unserem Leben wirklich gleichzeitig? Paulus behauptet es so: Während der äußere Mensch zerfällt, wird gleichzeitig der innere regeneriert.

Mit dieser Erneuerung ist nicht das gemeint, was in der Zukunft einmal kommen soll. Paulus denkt ans Jetzt. Er vertröstet hier nicht auf den Himmel, wo einmal alles besser wird. (Die Hoffnung auf die kommende Herrlichkeit bei Gott ist natürlich echter Trost, besonders in Krankheitszeiten und im Leiden.) Vielmehr will er sagen, dass der Prozess, durch den der »innere Mensch von Tag zu Tag erneuert wird«, jetzt stattfindet. Aber widerspricht er damit nicht unserer täglichen Erfahrung, die davon dominiert wird, dass unsere körperlichen Fähigkeiten nachlassen?

Hinter Widersprüchen können sich Geheimnisse verbergen, die sich nicht ohne Weiteres erklären lassen. Man muss sie entdecken. Ich habe das Geheimnis von »innerlich erneuerten Menschen« in vielen älteren Gesichtern entdecken können, manchmal sogar in den Gesichtern von gebrechlichen Menschen. Diese Gesichter spiegelten etwas von der Lebensgemeinschaft wider, die diese

Menschen mit Jesus Christus haben. Durch die tägliche Begegnung mit ihm werden sie »innerlich von Tag zu Tag erneuert«.

Manchmal kann man beobachten, dass sich ältere Ehepaare im Laufe der Jahre immer ähnlicher werden in der Art und Weise, wie sie reden und formulieren oder wie sie sich verhalten und reagieren. Indem sie sich gegenseitig ständig sehen und wahrnehmen, passen sie sich mehr und mehr einander an. Diesen Vorgang überträgt Paulus auf das Verhältnis von Jesusnachfolgern zu ihrem Herrn: *Im Anschauen seines Bildes werden wir verwandelt in sein Bild.* Oder in der Hoffnung-für-alle-Übersetzung: *Wir ... stehen mit unverhülltem Gesicht vor Gott und spiegeln seine Herrlichkeit wider. Der Herr verändert uns durch seinen Geist, damit wir ihm immer ähnlicher werden* (2. Korinther 3,18, HFA).

Was wir sehen und hören beeinflusst uns. Ein Sprichwort lautet: »Sag mir, was du liest, und ich sage dir, wer du bist.« Man kann diesen Satz leicht abgewandelt auch auf das Sehen übertragen: »Sag mir, was du siehst, und ich sage dir, was dich prägt.« Schöne Bilder prägen uns ebenso wie hässliche Darstellungen; helle Farben ebenso wie dunkle Grautöne. In unserer Gesellschaft wird deshalb überwiegend bildhaft-plakativ kommuniziert. Botschaften müssen anschaubar übermittelt werden, damit sie ankommen. In den Medien sind Bilder das stärkste Werbe- und Propagandamittel für die Wirtschaft und für die Politik. Die sogenannten »Menschen im Lande« sollen mit optischen Botschaften beeinflusst werden.

Wir werden auch von dem, was wir hören, beeinflusst. In Geschäften soll die Musik im Hintergrund unsere Stimmung und Einkaufslaune anregen. Schon kleinste Partys brauchen ihre entsprechende Musik, ebenso wie Kaffeekränzchen und Militärparaden. Wenn ich das alles wahrnehme, muss ich entscheiden, auf welche Parolen ich achten will und wofür ich mein Ohr öffnen möchte. Wer nicht durch Bilder oder durch Musik verführt oder manipuliert werden will, wer also bestimmte Erzeugnisse nicht kaufen will und wer bestimmten Parolen nicht glauben will, der muss auswählen und entscheiden. Das gilt auch für unseren inneren Menschen. Wir müssen uns entscheiden und auswählen, was wir an uns heranlassen.

Auf Gottes Kommunikationswegen gehen Sehen und Hören ebenfalls ineinander. Jesus hatte seinen Zuhörern das Evangelium erzählt und es durch Gleichnisse und Geschichten auch »anschaubar« gemacht. Paulus erinnert die Galater daran, dass er ihnen das Evangelium *vor die Augen gemalt* hat (Galater 3,1). So konnten es die Zuhörer und Zuschauer mitnehmen. Sie konnten es in ihrem Herzen speichern. Maria hat es so gemacht: ... *sie behielt alle diese Worte und bewegte sie in ihrem Herzen* (Lukas 2,19). Sie ließ sich davon prägen. Wie Maria möchte ich Gottes Worte aufnehmen und sie in meinem Herzen bewegen. Sie sollen darin bildhaft werden, lebendig bleiben und mich erneuern. Je mehr ich Gottes Wort lese, je öfter ich es höre und je genauer ich es betrachte, umso mehr setze ich mich seiner Wirkung aus.

Erneuerung wird in der Bibel auch wie ein wundervoller und künstlerisch-schöpferischer Prozess beschrieben. Gottes Wirken an uns wird mit der Arbeit eines Töpfers verglichen. So wie die Hand eines Töpfers aus Ton ein Gefäß formt, genauso wirkt Gott in unserem Leben. Er entwirft und formt, verändert und gestaltet uns, bis wir seiner genialen Vorstellung entsprechen. Der Schöpfer selbst ist der Töpfer, der uns vollenden wird. In Jesaja 64,7 wird der Töpfer sogar Vater genannt: *Herr, du bist doch unser Vater! Wir sind Ton, du bist unser Töpfer, und wir alle sind deiner Hände Werk.* Wenn der himmlische Vater an mir arbeitet, möchte ich mich nicht dagegen wehren. Ich möchte ihn wirken lassen und seine Erneuerungen zulassen.

Gottes »Von-Tag-zu-Tag-Erneuerung« hat natürlich auch ein Ziel. Einmal wird der Prozess abgeschlossen sein. Römer 8,29 sagt, dass wir (dann) *dem Bilde seines Sohnes* gleich sein sollten. Dann werden wir also der Vorstellung des Meisters entsprechen. Bei diesem Gedanken ist meine menschliche Fantasie überfordert. Will mich Gott wirklich so erneuern, dass ich Jesus gleich werde? Nach dem 1. Johannesbrief (3,2) ist das tatsächlich der Plan: *Wir sind schon Gottes Kinder; es ist aber noch nicht offenbar geworden, was wir sein werden. Wir wissen aber: wenn es offenbar wird* (d. h. bei seiner Wiederkehr), *werden wir ihm gleich sein; denn wir werden ihn sehen, wie er ist.* Die Erneuerung mit dem Ziel einer Vollendung gilt nicht nur für jeden einzelnen Nachfolger, sondern sogar für die gesamte Gemeinde dieses Herrn. Das wird in Offenbarung 21,2 f gezeigt, wenn die Gemeinde einmal in Gestalt einer geschmückten Braut aus der Unsichtbarkeit heraus erscheinen wird. (Das ist eine Hoffnung für alle, die noch an ihrer Gemeinde leiden!)

Aber müsste nun nicht auch ein wenig von dem Erneuerungsprozess in meinem alltäglichen Verhalten sichtbar werden – zumindest ansatzweise? Denn wenn es für das Zerfallen des äußeren Menschen deutliche Zeichen gibt, die andere und ich selbst an mir bemerken können wie die Runzeln im Gesicht, die grauen Haare, die Lücken im Gedächtnis, das Nachlassen der Sehkraft oder die Wehwehchen – wenn es solche erkennbaren Zeichen des Alterns gibt, dann sollte es doch auch Zeichen für die Erneuerungen des inneren Menschen geben! Ich wünschte mir, dass ich und andere zumindest einige erkennen könnten. Dazu würde ich die folgenden Punkte gern auf meinen Wunschzettel schreiben:

- Ich bleibe freundlich, wenn ich beschimpft werde.
- Ich vergebe, wenn mir jemand Unrecht tut.
- Ich reagiere liebevoll, wenn mich jemand nicht mag.
- Ich bleibe geduldig, wenn andere zu spät kommen.
- Ich muss nicht mehr jede Diskussion gewinnen.
- Ich muss nicht immer reden, sondern kann auch zuhören.
- Ich bin gelassen und großzügig, auch wenn ich Neues nicht verstehe.

Ich möchte mich also der Veränderungsenergie von Jesus nicht entziehen. Dass das durchaus möglich ist, davon schreibt Paulus in 2. Timotheus Kapitel 2 und 3:

Nach einer längeren Beschreibung der gräulichen Zeiten und der Zustände, die in den letzten Tagen kommen werden, spricht er von Menschen, *die den Schein eines gottesfürchtigen Wesens haben, aber seine Kraft verleugnen.* Damit meint er Christen, die die Veränderungen ablehnen, die der Heilige Geist in ihrem Leben wirken möchte.

Gottes Plan ist immer auf Erneuerung angelegt. Diese Absichtserklärung hat er u. a. in Jesaja 43 mitgeteilt:

(Refrain) Siehe, ich will ein Neues schaffen,
jetzt wächst es auf.
Gott sagt, ich mache alles neu,
erkennt ihr's denn nicht?

1. Neues – Gott will die leeren Herzen,
wo keine Freude mehr gedeiht,
wieder mit seiner Liebe füllen,
die verändert und verzeiht.

2. Neues – Gott will auf dunklen Wegen,
wo alles grau und sinnlos scheint,
nah sein und neue Hoffnung wecken.
Lachen wird, wer jetzt noch weint.

3. Neues – Gott wird auf dieser Erde,
wo Menschenschuld so viel zerstört,
herrlich in seiner Macht erscheinen.
Dann wird neu, was ihm gehört.[10]

8. ICH MÖCHTE SINGEND ALT WERDEN

Singen im Alter? Warum eigentlich nicht! Manchmal, wenn ich in Seniorenkreise oder zu Veranstaltungen mit älteren Besuchern eingeladen werde, staune ich darüber, wie gern und fröhlich da gesungen wird. Die musikalische Qualität dieses Singens entspricht vielleicht nicht den Ansprüchen eines öffentlich auftretenden Chores. Das muss es auch gar nicht. Trotzdem singen auch im fortgeschrittenen Alter die meisten Menschen immer noch gern. Leider wurde zu manchen irgendwann einmal gesagt: »Du kannst nicht singen!« Wer das schon als Kind und womöglich sogar von einem Musiklehrer hören musste, der möchte sich verständlicherweise lieber zurückhalten. Dabei ist so ein Urteil meistens falsch. Ich habe die Erfahrung gemacht, dass alle Menschen grundsätzlich singen können, wenn auch auf verschiedenem

Niveau und in unterschiedlicher Qualität. Und wer in der Jugend schon viel gesungen hat, behält noch lange eine geübte Stimme.

Singen tut grundsätzlich jedem gut. Es hat angenehme Wirkungen auf unser körperliches Befinden, weil durch das intensivere Atmen beim Singen der Kreislauf und die Durchblutung angeregt werden. Die Vibration der Töne ist, je nach Intensität der Singweise, im ganzen Körper spürbar. Atemtraining und Stimmübungen sind wie Balsam für den ganzen Organismus. Darüber hinaus hat Singen vor allem einen wohltuenden Einfluss auf unsere Seele. Singen ist deshalb eine Therapie für Leib, Seele und Geist. Das konnten wir damals während meiner Konfirmationsfeier erleben, als bei meiner Mutter, die gerade an einer fiebrigen Erkältung litt, durch das Singen eine deutliche Erholung einsetzte.

Ja, Singen tut gut! Aber was sollte ich eigentlich singen? Was ist neben den Wirkungen des Singens auf den Leib und auf die Seele auch gut für meinen Geist? Ich werde, je länger ich mich damit beschäftige, immer wählerischer bei dem, was ich singen möchte. So wäre mir im Alter die Beschränkung auf eine »Hoch-auf-dem-gelben-Wagen-Volksliederkultur« zu banal. Ich bedaure es, dass sich manche Angebote für Seniorengruppen nur mit den »schönen alten Volksliedern« begnügen. Mir sind Volkslieder durchaus vertraut. Einige davon sind wertvoll, andere sind eher belanglos. Weil uns Lieder beeinflussen, will ich beim Singen darauf achten, was mich geistig und geistlich fördert. Vorbehalte habe ich darum auch bei manchen christlichen Songs. Schade, wenn versucht wird, durch aufwendige Arrangements inhaltliche und melodische Schwächen auszugleichen. Begriffe wie »hitverdächtig« oder »aktuell« deuten darauf hin, dass die Beteiligten von vornherein von einer kurzen Haltbarkeit ausgehen. Mir tut es auch leid, wenn sich in Gemeinden die Älteren vom Singen ausgeschlossen fühlen, wenn sie nicht mehr mitsingen und schlimmstenfalls ganz wegbleiben.

Lieder zum Altwerden müssen inhaltliche Substanz und ästhetische Qualität haben. Sie müssen singbar sein und sich in ihren Aussagen an der Bibel orientieren. Zu den Liedern, die ich zusammen mit meiner Frau gerne singe, gehören neben Chorälen neue Lob- und Glaubenslieder und die Lieder aus der Bekennenden Kirche. Da finden wir markante Aussagen und Kraft. Nach meiner Beobachtung haben viele ältere Menschen grundsätzlich große Freude an dem Reichtum von alten und neuen Liedern. Wenn sie gut sind, werden sie gern angenommen.

Mit CD-Aufnahmen, in ERF-Sendungen und durch Notenausgaben konnte ich mithelfen, Lieder zu verbreiten. Nun merke ich bei Veranstaltungen, dass ältere Hörer viele neue Lieder schon mitsingen können, weil sie diese bereits im Radio gehört haben.

Gute Lieder sollten sich auch als »Lobgesänge in der Nacht« bewähren. Wenn in der Stille beim Durchgehen von Liedtexten unruhige Gedanken zur Ruhe kommen, wenn sich Sorgenwellen glätten, wenn aus Angst Frieden wird, wenn ich hinter allem wieder den allmächtigen Gott erkenne und ihn loben kann, dann begleiten mich gute Lieder. Ein alter Mann sagte mir einmal: »Auf meinem Nachttisch liegt immer das Gesangbuch.« Darin, oder in anderen Gemeindeliederbüchern, finden wir gute Impulse für das stumme »innere Singen«, das Paulus empfiehlt: *Singt und spielt dem Herrn in eurem Herzen* (u. a. Epheser 5,19).

Singen im Herzen geht am besten mit solchen Liedern, die vorher im Gedächtnis gespeichert wurden. Im Englischen sagt man interessanterweise zu »auswendig« *by heart* – also: mit dem Herzen oder im Herzen. Im Herzen verwurzelte Lieder lassen sich mithilfe der Melodie aus dem Gedächtnis abrufen. Lieder auswendig zu lernen, ist auch im Alter noch möglich. Manchmal geht es nur etwas langsamer. Ich glaube, dass das Sprichwort »Was Hänschen nicht lernt, lernt Hans nimmermehr« in Bezug auf das Liederlernen eine falsche Ausrede wäre. Hier kann der Satz heißen: »Wenn Hans singt, lernt er zwar langsamer, aber er lernt.« Ich will deshalb weiter versuchen, Lieder auswendig zu lernen und sie im Herzen speichern. – Zum Abrufen aus dem Gedächtnis: Da sehe ich vor meinem inneren Auge einen alten und psychisch kranken Mann in einem Pflegeheim. Er spricht fast nichts mehr. Als wir anfangen zu singen, singt er laut mit. Er singt auswendig und er kann alle Strophen. Beim Singen werden die Lieder, die er früher gelernt hatte, wieder lebendig. Die Melodien bauen ihn emotional auf und regen sogar seine Stimme an. – Ganz ähnlich erzählte mir ein Freund von seiner demenzkranken Mutter, die nur noch verwirrt sprechen konnte und sogar ihre eigenen Kinder nicht mehr erkannte. Aber als geistliche Lieder gesungen wurden, sang sie völlig textsicher alle Strophen mit.

Oft habe ich erlebt, dass ich froh werde, wenn ich zum Lobe Gottes singe. Das wird auch im Alter so sein. Mein Wunsch dabei ist, dass das Lob bei Gott ankommt und dass es ihn ehrt. Dazu hörte ich einmal von Pastor Hans Brandenburg (1895 – 1990) folgende Geschichte, die ich hier gern nacherzähle:

In einem baufällig gewordenen Kloster lebten nur noch wenige Mönche. Alle waren sie alt geworden und neue kamen schon seit Jahren keine mehr dazu. Bald würde das Kloster schließen müssen. Trotzdem verrichteten die Alten noch treu ihre Gebete und feierten eher schlecht als recht ihre Gottesdienste mit allen dazugehörigen Gesängen. Eines Tages geschah das Unerwartete: Ein junger Bruder klopfte an die Pforte: er wolle sich der Gemeinschaft anschließen. Natürlich nahmen ihn die Alten gern auf. Der Neue war ein Musiker und Sänger. Schon nach kurzer Zeit begann er damit, die älteren Brüder im Singen zu unterrichten. Er machte mit ihnen Atem- und Stimmübungen und half ihnen, ihre Intonation und Aussprache zu verbessern. Die Mühen waren nicht umsonst und der Gesang der Mönche wurde allmählich immer schöner. Er wurde so schön, dass die wenigen Gottesdienstbesucher aus dem Nachbarort anderen davon zu erzählen begannen. Vom schönen Singen der Mönche angezogen, strömten immer mehr Menschen zu den Gottesdiensten. Doch eines Nachts erschien einem der alten Mönche im Traum ein Engel und fragte ihn:»Lieber Bruder, warum singt ihr eigentlich nicht mehr in euren Gottesdiensten? Ihr habt doch früher immer gesungen.« Der alte Mönch war sofort hellwach und erwiderte begeistert:»Was soll das heißen? Wir singen doch viel mehr und viel schöner als jemals zuvor. Die ganze Gegend kommt inzwischen zusammen. Wir erleben geradezu eine Erweckung durch unsere Gesänge.« Daraufhin meinte der Engel: »Komisch, im Himmel kommt gar nichts mehr an.«

Ich möchte aus dieser Geschichte lernen, dass nicht die Art und Weise und auch nicht die Schönheit oder Perfektion unseres Singens darüber entscheiden, was bei Gott ankommt, sondern unsere Herzenshaltung. Die Erzählung ist außerdem eine wunderbare Einladung an Ältere, mit dem Singen nicht aufzuhören. Auch hier denke ich wieder an meine Großeltern: Sie sangen im Alter wirklich nicht mehr schön. Aber sie sangen. Das hat ihnen gutgetan und ihr Lob ist sicher bei Gott angekommen. Wir hören auch in unserer Nachbarschaft ab und zu, wie ein altes Ehepaar gemeinsam Lieder anstimmt. Erstaunlich ist, dass sie das allein und ohne instrumentale Begleitung tun. Es ist kein musikalischer Genuss, aber in Gottes Ohren sicher eine Freude.

Noch ein Gedanke für uns Großeltern: Wenn wir mit unseren Enkeln singen, geben wir ihnen einen großen Reichtum für ihr Leben mit. Viele wunderbare und wichtige Lieder gehen verloren, wenn sie nicht mehr gesungen werden – angefangen von Kinderliedern über den großen Schatz der Weihnachtslieder bis hin zu Liedern, die den Lauf des Kirchenjahres begleiten. Lieder wecken und festigen den Glauben. Sie erklären Gottes Heilsgeschichte und seine Absichten. Neue Lobpreislieder müssen ergänzt werden durch Lehr-Lieder, durch Trostlieder und durch Lieder, die zur Nachfolge einladen. Diese Verantwortung, Lieder weiterzugeben, können wir Großeltern auch bei Feiern und Familienfesten wahrnehmen. (Singen macht Feste festlich!)

Nicht zuletzt ist Singen eine Vorbereitung auf den Himmel. Selbstverständlich wird im Himmel gesungen (z. B. Offenbarung 15,3)! Dort klingt es sicher ganz anders, als wir uns das vorstellen können, weil zwei wichtige Elemente, die unsere irdische Musik ausmachen – Raum für Klang und Zeit für Rhythmus –, nicht mehr da sein werden. Aber die singende Anbetung Gottes findet statt und sie wird herrlich sein. Die vielen Lobgesänge, von denen in der Offenbarung berichtet wird, machen auf jeden Fall neugierig, auch wenn es noch keine Hörproben davon gibt. Darum möchte ich mich auch im Alter singend darauf vorbereiten, zum Beispiel mit Psalm 96:

(Refrain) Singt, singt, singt dem Herrn!
Singt ein neues Lied!
Singt, singt, singt dem Herrn! Singt ihm alle Welt.

1. Lobt seinen Namen, sprecht Tag für Tag von ihm,
singt überall von seinem Heil,
dass alle Länder und alle Völker
all seine Wunderwerke sehn.

2. Denn unser Herr ist groß und mehr zu fürchten
als alle Götter dieser Welt;
denn alle Götter sind doch nur Götzen.
Alles hat Gott, der Herr, gemacht.

3. Kommt, alle Völker, kommt zu dem Herrn der Herrn.
Singt ihm und betet vor ihm an.
Denn Gott ist König, er trägt den Erdkreis.
Er richtet alle Völker recht.

4. Der Himmel freue sich, die Erde freue sich,
das Meer soll brausen mit Gewalt.
Freut euch, ihr Felder, jubelt, ihr Wälder
und alle Bäume vor dem Herrn.

Denn er kommt, denn er kommt,
er kommt, um zu richten.
Denn er kommt, denn er kommt mit Gerechtigkeit.
Denn er kommt, denn er kommt
den Erdkreis zu richten.
Denn er kommt, denn er kommt,
er spricht Wahrheit und Recht.
In Gerechtigkeit spricht er Wahrheit und Recht.

Singt, singt, singt dem Herrn! Singt ein neues Lied!
Singt, singt, singt dem Herrn! Singt ihm alle Welt.[11]

9. ICH MÖCHTE FRÖHLICH BLEIBEN

Es ist ein aktueller und legitimer Wunsch, im Alter fröhlich bleiben zu wollen. Viele Christen scheinen vergessen zu haben, dass eines der Hauptworte in der Bibel Freude ist. Schon das Wort Evangelium bedeutet ja »Freudenbotschaft« oder »Frohe Botschaft«. Es wurde ursprünglich in der Antike im säkularen Umfeld gebraucht. Wenn dem römischen Kaiser ein Stammhalter geboren wurde, mussten seine Herolde dieses Ereignis im ganzen Reich als »Evangelium« bekannt machen. Nun ist aber der Inhalt der Botschaft, die Gott verbreiten lässt, noch viel wichtiger und vor allem fröhlicher als die Geburt eines römischen Prinzen. Und weil es für Gottes Frohe Botschaft damals kein anderes bekanntes Wort gab, haben die ersten Christen das Superlativ »Evangelium« übernommen. – Luther soll gesagt haben: »Die Freude ist der Doktorhut des Glaubens.« Diese Freude soll im Alter einen Ehrenplatz in meinem Leben haben. Manchmal hört man allerdings auch den spöttischen Satz von Friedrich Nietzsche (1844–1900): »Die Christen müssten mir erlöster (also fröhlicher) aussehen. Bessere Lieder müssten sie mir singen, wenn ich an ihren Erlöser glauben sollte.« Er selbst stammte aus einem Pastorenhaus. Hat er dort keine Freude erlebt?

Wie gut, dass es neben dem netten Satz von Luther und dem spöttischen von Nietzsche auch in der Bibel viele Aussagen zur Freude gibt. Allen voran leuchtet für mich ganz hell Johannes 15,11, wo Jesus seinen Jüngern sagt, dass er seine Freude auf sie übertragen will: *Das sage ich euch, damit meine Freude in euch bleibe und eure Freude vollkommen werde.* Die Freude von Jesus soll seine Jünger nicht nur ansatzweise berühren. Vielmehr sollen die Jünger damit vollkommen erfüllt werden.

»Vollkommen« betrifft sowohl die Qualität der Freude als auch ihre Menge oder Fülle. Fülle heißt: Voll sein wie eine überlaufende Regentonne. Alten Menschen wird diese Fülle natürlich nicht vorenthalten! Und auch bei der Qualität gibt es keine Abstriche. Sie ist mit nichts vergleichbar, weil sie ihren Ursprung am Thron Gottes hat, der Heimat von Jesus. Er kam von dort und ist bei seiner

Himmelfahrt wieder dorthin zurückgekehrt. Vor diesem Thron ist der wahre Ort der Freude. In Psalm 16,11 ahnte David bereits etwas von der Freude vor Gottes Thron und singt: *Vor dir ist Freude die Fülle und Wonne zu deiner Rechten ewiglich.* Der lebendige Gott ist ein Gott der Freude, und Jesus weiß bei diesem Thema genau, wovon er spricht!

Wir müssen Freude vom Spaß unterscheiden. In unserer Umgangssprache hört man das Wort Freude nur noch selten, dafür umso mehr das Wort Spaß. »Etwas muss Spaß machen«; »Das hat mir Spaß gemacht«; »Die Schule macht keinen Spaß«; »Sport macht Spaß« sind gängige Formulierungen. Spaß muss man machen. Man kann ihn auch inszenieren. Manche nennen unsere Gesellschaft »Spaßgesellschaft«, weil eben alles irgendwie Spaß machen muss. Dabei kann uns der Spaß sogar die Freude verderben oder uns davon ablenken. Viele Spaß-Akteure und erfolgreiche Musiker sind selbst innerlich leer und freudlos. – Gemeinden müssen darauf achten, dass ihre Mitarbeiter nicht vor lauter Spaß-haben-wollen das Dienen vergessen. Einfache oder »minderwertige« Aufgaben machen vielleicht keinen Spaß, aber sie können uns trotzdem froh machen, wenn wir sie aus Liebe tun.

Gottes Freude können wir nicht machen. Sie ist ein Geschenk und hat eine ganz andere Qualität als der Spaß. Sprüche 15,13 sagt, dass es schon am Gesicht erkennbar ist, wenn jemand von der Freude geprägt ist: *Ein fröhliches Herz macht ein fröhliches Angesicht.* Wunderschön sind die Gesichter von alten Menschen, die Freude ausstrahlen. Das Geschenk der Freude gehört nach Galater 5,22 zu den Früchten des Heiligen Geistes. Dort wird sie gleich nach der Liebe aufgezählt! *Die Frucht aber des Geistes ist Liebe, Freude, Friede, Geduld, Freundlichkeit, Güte, Treue* (Glaube)*, Sanftmut, Keuschheit.* Diese Früchte sind Gaben oder Geschenke Gottes. Obwohl wir sie nicht machen können, wachsen und reifen sie durch Gottes Geist in uns und werden sogar im Alter immer noch besser. Das unterscheidet die Freude vom Spaß: Freude erfüllt uns mit einer dauerhaften Befriedigung, während der Spaß oft schnell vergeht und einen faden Nachgeschmack hinterlässt.

Wie kann ich nun im Alter fröhlich bleiben? Wie kann sich Gottes Freude in meinem Leben entfalten? Es gibt Freudenquellen, die ich entdeckt habe und aus denen ich schöpfen kann. Wenn mich jemand fragen würde: »Was hast du noch vor im Alter?«, würde ich sagen: »Ich will noch mehr Freudenquellen entdecken.« Hier sind einige, die ich schon gefunden habe:

Meine erste Freudenquelle ist Gott selbst

Manche Psalmendichter kannten diese Quelle sehr gut. Sie haben sich an Gott gefreut. Da wünscht sich zum Beispiel der Dichter von Psalm 43,4: ... *dass ich hineingehe ... zu dem Gott, der meine Freude und Wonne ist.* In Psalm 63 wird das Lob Gottes zur Freude (V. 6): *Das ist meines Herzens Freude und Wonne, wenn ich dich mit fröhlichem Munde loben kann.* Schon oft hat mich auch dieses Bekenntnis inspiriert: *Das ist meine Freude, dass ich mich zu Gott halte und meine Zuversicht setze auf Gott, den Herrn* (Psalm 73,28). – Die Freude an Gott gibt meinem Leben einen wunderbaren Schwung. Mit ihr kann ich besser und schneller arbeiten. Mit ihr lassen sich Durststrecken besser durchhalten, weil sie erfrischt und belebt. Das wird auch durch den Komponisten Joseph Haydn (1732–1809) bestätigt, der meinte: »Wenn ich an Gott denke, ist mein Herz so voll Freude, dass mir die Noten wie von der Spule laufen.« Darum ermunterte Nehemia im Alten Testament die müden und deprimierten Bauarbeiter in Jerusalem: *Seid nicht bekümmert; denn die Freude am Herrn ist eure Stärke* (Nehemia 8,10). Diesen Nehemia-Rat möchte ich mir zu Herzen nehmen.

Meine zweite Freudenquelle ist Gottes Schöpfung

Wissenschaftler entdecken erstaunliche Zusammenhänge und großartige Abläufe in der Schöpfung, auch wenn sie bedauerlicherweise oft nur von »Natur« sprechen. Wir Menschen können die Welt sehen und erforschen. Wir können berechnen, erkennen und bestaunen. Gott will ausdrücklich, dass wir seine Schöpfung entdecken. Wir sollen uns darüber freuen und ihn dafür loben. Bei Leuten, die Gott als Schöpfer aus ihrem Weltbild streichen, versiegt diese Freudenquelle. In der DDR sollten wir in der Schule lernen, dass es keinen Gott gibt. Einer der marxistischen Leitsätze hieß: »Die Materie ist ewig.« Ich hatte dort einen Freund, der damals schon mit Jesus lebte und als Chemiker promovierte. Als ich nach dem Westen »abgehauen« war, schrieb er mir einmal sinngemäß: »Je mehr ich durch die Wissenschaft erkenne, umso mehr staune ich über Gott.« Er bekam durch sein Studium gewissermaßen den »Doktorhut der Freude«. Auf den Zusammenhang zwischen Forschung und Freude werden in Psalm 111,2 alle Naturwissenschaftler und Menschen mit offenen Sinnen hingewiesen: *Groß sind die Werke des Herrn; wer sie erforscht, der hat Freude daran.*

Im Oratorium »Die Schöpfung« von Joseph Haydn (Text: Gottfried von Swieten) wird es sogar gesungen, dass Gott die Menschen schuf, damit sie seine Werke sehen und ihn dafür preisen (Arie Nr. 22): *Nun scheint in vollem Glanze der Himmel, nun prangt in ihrem Schmucke die Erde. Die Luft erfüllt das leichte Gefieder, das Wasser schwellt der Fische Gewimmel, den Boden drückt der Tiere Last. Doch war noch alles nicht vollbracht.* Und dann folgt die überraschende Feststellung: *Dem Ganzen fehlte das Geschöpf, das Gottes Werke dankbar sehn, des Herren Güte preisen soll. … Und Gott schuf den Menschen nach seinem Ebenbilde, nach dem Ebenbilde Gottes schuf er ihn.* – Ich finde es bemerkenswert und freue mich darüber, dass Haydn mitten in der Zeit der Aufklärung diese Glaubensaussage vertont hat.

Die Freude über die Schöpfung unterscheidet uns wesentlich von den Tieren. Tiere können vieles besser als wir. Vögel können zum Beispiel fliegen, andere Tiere können viel schneller rennen als wir, wieder andere können besser klettern, manche sind stärker und viele Arten können selbstständig überwintern. Aber Tiere können den Schöpfer nicht loben, weil sie die Wunder und Schönheit der Schöpfung nicht mit ihrem Verstand wahrnehmen können. Nur wer staunt, kann sich freuen und loben. Nebenbei: Wer sich an der Schöpfung freut, wird auch verantwortungsvoll damit umgehen.

Die Bibel berichtet, dass sich Gott nach jedem Schöpfungsabschnitt sein Werk ansah und es für gut befand. Das immer wiederkehrende *Siehe, es war gut* bedeutet vermutlich, dass Gott sich auch selbst darüber gefreut hat. Nach der Erschaffung des Menschen heißt es sogar: *Es war sehr gut.* Wenn also Gott sein Werk gut findet, dann dürfen wir uns auch darüber freuen – sogar darüber, wie er uns gemacht hat inklusive aller Befindlichkeiten des Alters. Natürlich will uns jemand diese Freude vermiesen. Dieser Freudenfeind kann uns zwar nicht aus der Hand des guten Hirten reißen, aber er versucht ständig, uns die Freude zu verderben, auch die Freude an der Schöpfung.

Meine dritte Freudenquelle ist die Kommunikation mit Gott

Bei den Überlegungen zum Hören auf Gott und zum Beten bin ich schon auf die Kommunikation mit Gott eingegangen. Weil das aber auch eine wichtige Quelle der Freude ist, will ich hier noch einmal darauf hinweisen. –

Ein alter Bekannter hatte über seinem Schreibtisch den Spruch aufgehängt: »Wer seine Arbeit liebt, kann sich im Leben viele schöne Stunden machen.« Wenn ich diesen Satz auf die Beziehung zu Gott übertrage, wird deutlich, was ich meine. Dann könnte er nämlich so lauten: »Wer sich gern mit Gott austauscht und mit ihm in Verbindung steht, kann sich im Leben viele schöne Stunden machen.« Durch die Kommunikation mit Gott erlebe ich seine Nähe und werde fröhlich. Wenn ich mir diese Zeit gönne, geht es mir so wie den Jüngern damals am Abend nach der Auferstehung, als ihnen Jesus erschien: *Da wurden die Jünger froh, dass sie den Herrn sahen* (Johannes 20,20). Sie wurden froh, weil sie nun wieder mit Jesus kommunizieren konnten. Sie konnten ihn wieder hören und sie konnten wieder mit ihm sprechen. – Ich glaube, dass es besonders im Alter und in einsamen Stunden wichtig ist, diese Quelle zu kennen, um daraus Freude zu schöpfen.

Meine vierte Freudenquelle ist die Freude am neuen Leben

Als ich mich dafür entschieden habe, mein Leben ganz mit Jesus zu leben, ist so etwas wie eine Basisfreude in mein Leben eingezogen. Die hat mich seither nicht mehr verlassen. Deshalb vermute ich, dass Friedrich Nietzsche vielleicht die falschen »Vorlagen« für seine Behauptung hatte. Vielleicht hat er nur Leute gekannt, die sich zwar Christen nennen, aber bloß formal einer Kirche angehören? Vielleicht hat er sich auch nur in solchen »christlichen Kreisen« bewegt, wo man das Geschenk der Vergebung noch nicht entdeckt hat? Vielleicht hat er nur sehr oberflächlich die Bibel gekannt? Vielleicht (oder wahrscheinlich) hat er nicht das Wirken des Heiligen Geistes erlebt? Vielleicht hat er nie gesehen, wie jemand mit der Hoffnung auf das ewige Leben gestorben ist? Vielleicht hat er nur Karikaturen und Kopien kritisiert. Vielleicht hat er sich nur an Strukturen und Kirchenpolitik geärgert? Vielleicht? Denn alle, die das neue Leben durch die Gemeinschaft mit dem Sohn Gottes erfahren haben, konnten darin die nie versiegende Quelle der Freude finden. Und das sieht man ihnen, wie gesagt, sogar manchmal an!

In Apostelgeschichte 8 wird berichtet, wie ein äthiopischer Finanzminister von Jerusalem aus wieder zurück in sein Land reiste. Unterwegs hatte er ein Gespräch mit dem Jünger Philippus und erkannte dadurch Jesus als Erlöser. Er ließ sich ohne langes Zögern taufen und *setzte seine*

Reise voller Freude fort (Apostelgeschichte 8,39; NLB). Er hatte das neue Leben gefunden und das hat ihn froh gemacht. – Bis heute werden alle fröhlich, die aus der Quelle des neuen Lebens trinken. Kein Wellnessbad lässt sich mit dieser Freudenquelle vergleichen. Einige Erfahrungsberichte dazu finden wir in der Bibel: *Der Herr hat Großes an uns getan, des sind wir fröhlich* (Psalm 126,3). *Meine Seele ist fröhlich in meinem Gott* (Jesaja 61,10). *Meine Seele erhebt den Herrn und ich freue mich über Gott, meinen Heiland* (Lukas 1,46). *Wir wollen uns freuen und ihm die Ehre geben, denn die Hochzeit* (Freudenzeit) *des Lammes ist gekommen* (Offenbarung 19,7). Ich möchte beim Altwerden diese Freudenquelle nicht vergessen.

Die fünfte Freudenquelle ist die Freude im Leiden

Das Nachdenken über die Freude wäre unvollständig, wenn es die Freude im Leiden ausklammern würde. Diese Freude ist ein geheimnisvolles Geschenk. – Meine Frau und ich besuchten eine krebskranke Bekannte im Hospiz. Sie wusste, dass sie nicht mehr lange leben wird. Als wir ihr anboten, etwas zu singen, sagte sie wie aus der Pistole geschossen und als hätte sie nur auf diese Frage gewartet: »O ja, ich wünsche mir: *In dir ist Freude in allem Leide, o du treuer Jesu Christ! Durch dich wir haben himmlische Gaben, du der wahre Heiland bist.*« Wir sangen es, und sie sang fröhlich mit. – Ein lieber Freund hatte eine große Herzoperation. Hinterher erzählte er, dass er vor und nach der OP tiefen inneren Frieden und Freude erlebt hat, weil er wusste, dass Jesus bei ihm ist. – Unfassbar und bewegend sind die Berichte von verfolgten Christen, in denen sie sagen, dass sie gerade im Gefängnis unter Druck und Folter die Freude an der Gegenwart ihres lebendigen Herrn erlebt hätten. Von einem chinesischen Christen wurde berichtet, dass er seine achtundzwanzig Jahre im Gefängnis wie seinen »*Honeymoon with Jesus*« erlebt habe, also wie »Flitterwochen mit Jesus«. – Paulus schrieb seine Briefe an die ersten Gemeinden in Kleinasien aus den Gefängnissen in Cäsarea und Rom. Das war keine natürliche Umgebung, um Freude auszudrücken. Doch besonders der in Rom verfasste Brief an die Philipper atmet tiefe Freude, weil Paulus offenbar gerade im Gefängnis erfüllt war von der Nähe des Herrn und von der Hoffnung auf sein Kommen. Er war damals bereits ein alter Mann und wartete auf seinen Prozess vor dem Kaiser. Grund genug für mich, seinen Rat zu singen:

(Refrain) Freuet euch in dem Herrn!
Freuet euch in dem Herrn,
allewege, allezeit, abermals sage ich: freuet euch!
Freuet euch in dem Herrn! Freuet euch in dem Herrn!
Gebt die Freude weiter an andere, der Herr ist nah!

1. Freude macht sich breit,
denn alle Schulden sind bezahlt.
Leben wächst in seinem Licht, das für uns strahlt.

2. Unser Leben atmet Freude, wenn uns Gott regiert,
denn es ist der beste Weg, den er uns führt.

3. Freude strömt aus Gottes Quelle auch in unser Leid,
denn trotz Angst und Traurigkeit sind wir befreit.[12]

10. ICH MÖCHTE ERMUTIGEN KÖNNEN

In einem Gottesdienst hörte ich den Bericht einer jungen Frau, in dem sie u. a. sagte: »Mein Vater hat mir nie gesagt, dass er mich gut findet.« Das hat mich erschüttert. Denn es ist doch eine der wichtigsten Aufgaben für Eltern, dass sie Kinder und Jugendliche loben und ermutigen. Alle Menschen brauchen Ermutigung. Alle sind wir geworden, was wir sind, weil andere uns ermutigt haben – oder auch nicht. Die junge Frau im Gottesdienst erzählte weiter, dass ihr Weg zum himmlischen Vater sehr mühsam, aber auch überraschend war. Durch ihn wurde der Mangel ihres Lebens, der durch das fehlende Lob des leiblichen Vaters entstanden war, mit dauerhafter Liebe ausgefüllt.

Ermutigung fängt bei Kindern an: Liebende Eltern loben ihre Kinder bei jedem neuen Entwicklungsschritt.

Wer Kinder ermutigt, fördert sie. Lob ist wichtiger, als Wissen zu vermitteln. Kinder, die ermutigt werden, entfalten ihre Persönlichkeit. – Ich habe im Sport nie besondere Leistungen vorweisen können. Das hat auch damit zu tun, dass mich in der Schule einmal ein Sportlehrer ausgelacht hat, weil ich den Ball »wie ein Mädchen« werfen würde. Den Komplex, den ich damals bekam, bin ich nie mehr losgeworden. Weitere Anstrengungen auf diesem Gebiet hielt ich für sinnlos. Dagegen habe ich mich in anderen Bereichen entfaltet, wenn ich darin ermutigt wurde. Ich bin auch dankbar für die Lehrer, die später unsere Kinder in der Schule und im Instrumentalunterricht ermutigt haben.

Nicht nur Kinder, sondern auch Jugendliche lechzen danach, dass sie ermutigt werden. Ich glaube, dass manche Teenies mit ihrem provozierenden Verhalten und ihren schrägen Outfits innerlich schreien: »Wie findet ihr mich?« Warum sollten wir ihnen dann nicht sagen, dass wir sie genial finden? Warum sollten wir sie nicht loben und ermutigen, wenn sie doch von Gott genial erschaffen wurden und von ihm geliebt sind? – Mit meinen heranwachsenden Söhnen habe ich damals einige Konzerte besucht, um »ihre Musik« kennenzulernen und um daran Anteil nehmen zu können. Es war nicht »meine Musik« und nicht mein Geschmack. Aber wir haben uns danach nie über Musik gestritten. Leider habe ich versäumt, ihre sportlichen Aktivitäten ähnlich wertzuschätzen. Das tut mir heute noch leid. Bis heute denke ich aber auch noch voll Bewunderung daran, wie bei den Proben zu den Musicals der ERF-Singtouren unsere Regisseurin Loreen Fajgel darauf bedacht war, dass jeder der fast neunzig jungen Mitwirkenden mindestens eine kleine Solorolle bekam. Mit dieser besonderen Aufgabe war jede und jeder wichtig und fühlte sich ernst genommen. Alle waren motiviert, die kommenden Strapazen der Tournee durchzuhalten.

So wie Eltern und Lehrer können auch ältere Menschen Kinder und Jugendliche ermutigen oder sie zerstören. Großeltern haben vielleicht noch manchmal Gelegenheiten dazu, an den Enkeln das nachzuholen, was sie den eigenen Kindern aus Zeitmangel schuldig bleiben mussten. Wenn Omas sich Zeit nehmen zum Puppenspielen, tun sie ein großes Werk! Opas, die sich nicht verweigern, wenn ein Kind bittet: »Spielst du mit mir?« oder sogar: »Spielst du mit mir Fußball?«, sind Wohltäter! (Wenn mir beim Fußball die Puste ausgeht, hüte ich das Tor.) Und dann gibt es die ganz kostbaren Zeiten, in denen wir als Großeltern den Enkeln Geschichten vorlesen oder erzählen können. Wer so seine Zeit verschenkt, ermutigt Kinder! – Vor Jahren hatte ich einmal ein kleines Gespräch mit einem Mann in einem wichtigen geistlichen Amt. Als ich ihn nach seinen Kindern fragte, wurde sein Gesicht traurig. Besonders einer der Söhne habe sich nicht so entwickelt, wie er sich das als Vater gewünscht habe. Wahrscheinlich hätte er zu wenig Zeit für ihn investiert, was ihm dann auch vorgeworfen wurde: »Vater, du hast ja nie Zeit für uns gehabt.« Aus dieser bitteren Erfahrung möchte ich lernen, wie ich meine Zeit mitsamt allen nur möglichen Ermutigungen verschenken kann.

Kritik ist immer leichter auszusprechen als Ermutigung und Lob. Ich möchte beim Altwerden nicht immer in diese Falle geraten und überall vorschnell kritisieren. (Dass ich gern meckere und kritisiere, wissen die, die mich näher kennen.) Durch Kritik wurde und wird in christlichen Gemeinden viel zerstört. In den 1970er- und 80er-Jahren wollten junge Musiker und Bands mit neuer Musik ihren Glauben bekennen und evangelisieren. Leider sparten ältere Gemeindeglieder nicht mit Kritik daran. Anstatt diese jungen Leute zu ermutigen, wurden sie mit banalen Fragen zum Schlagzeug oder zur Lautstärke konfrontiert. Viele Bands sind daran zerbrochen.

Ihnen fehlten die Ermutigung und der betende Rückhalt der Älteren. Vielleicht hätte sich das geistliche Leben im Lande anders entfaltet, wenn weniger kritisiert und stattdessen mehr ermutigt worden wäre. Darum möchte ich versuchen, nicht mit Ermutigung und Lob zu sparen, solange es ehrlich und angemessen ist.

Bei Pastoren oder Pfarrern, die sich gleich nach dem Gottesdienst oder montags am Telefon auf Kritik einstellen müssen, wird nur schwer Freude aufkommen können! Dagegen wird sich, wer in der Gemeinde oder am Arbeitsplatz gelobt wird, entfalten und wachsen. Alle Menschen, selbst Künstler, freuen sich über Ermutigungen und brauchen sie. Hinweise auf besonders gut gelungene Stellen oder auf Details ihrer Arbeit werden meistens mit Dank beantwortet und spornen die Gelobten an, weiterzumachen. Wo es sich ergibt und passt, bedanke ich mich auch bei Reinigungskräften. Mit einem Lob an die Putzfrau in einer öffentlichen Toilette oder im Supermarkt an den Migranten mit der Kehrmaschine ernte ich regelmäßig ein dankbares Lächeln. Die ohnehin schnelle Person an der Kasse im Supermarkt wird durch ein Lob noch schneller. Wenn wir jemanden ermutigen, unterstreichen wir damit, dass wir die betreffende Person wahrnehmen und schätzen. Auch Pflegekräfte in Krankenhäusern und Heimen brauchen Ermutigung! Andere zu ermutigen ist etwas, was uns bis ins Alter ohne großen Aufwand möglich ist. Zu diesem eher zwischenmenschlichen Thema äußert sich die Bibel auf den ersten Blick nur diskret. Aber das griechische Wort *parakalein* kann nicht nur mit »ermahnen« oder »trösten«, sondern auch mit »ermutigen« übersetzt werden. Dann könnte es statt ich ermahne euch heißen: *Ich ermutige euch, liebe Geschwister ...* (u. a. in Römer 12,1). Ermahnen und Ermutigen gehören in ihren Eigenschaften zusammen: *Deshalb sollt ihr einander Mut machen und einer den andern stärken, wie ihr es auch schon tut* (1. Thessalonicher 5,11; NLB). Zum Ermutigen gehört in der Bibel tatsächlich auch noch das Trösten. Beides ist ein Dienst des Heiligen Geistes an uns. Menschen, die vom Heiligen Geist ermutigt und getröstet werden, können auch andere ermutigen.

Wenn ich andere ermutige, ist das gewissermaßen wie ein Reflex auf das, was ich selbst von Gott empfangen habe – ganz ähnlich wie beim Gebot der Nächstenliebe. *Ein neues Gebot gebe ich euch, dass ihr euch untereinander liebt, wie ich euch geliebt habe* (Johannes 13,34). Also: Wie Gott mir, so ich dir.

In Römer 15,7 nennt Paulus eine praktische Hilfe, wie diese Reaktionen aussehen können: Nicht Kritik und

Meckern sollen unseren Umgang bestimmen, sondern die gleiche Gesinnung. Darum: *Nehmt einander an, wie Christus euch angenommen hat.* Weil Gott die Voraussetzung dafür geschaffen hat, kann ich andere ermutigen und sie annehmen.

(Refrain) Nehmt einander an,
wie Christus euch angenommen hat.
Nehmt euch an zu Gottes Lob, so, wie es Jesus tat.

1. Nehmt die Schwachen und die Armen an,
deren Leben nicht viel zählt,
auch die Kranken und die Elenden,
die Vergessenen der Welt.

2. Nehmt die Starken und die Stolzen an,
die der Wunsch nach Geltung lenkt;
auch den Zweifler, der nicht glauben kann,
dass Gott allen alles schenkt.

3. Nehmt die Fremden und Verfolgten an,
die man oft zur Seite schiebt;
auch, die anders oder seltsam sind,
denn sie sind von Gott geliebt.[13]

11. ICH MÖCHTE EINLADEN

Mit meinen Liedern und Musicals wollte ich die Einladung von Jesus zum ewigen Leben erklären und weitergeben. Ob jemand angesprochen wurde und sich darauf eingelassen hat? Menschlich gesehen haben weniger Zuhörer geistlich reagiert, als ich gehofft hatte. Die eigentliche Bewertung der Einsätze wird sowieso Gott vornehmen. – Jesus war ja damals oberflächlich betrachtet auch nicht wirklich erfolgreich mit seinen Predigten und Heilungen. Er muss ein brillanter Redner gewesen sein, der die Menschen beeindrucken konnte, sonst hätten sie ihm nicht stunden- und sogar tagelang zugehört. Aber wie waren die Wirkungen seiner Auftritte? Am Ende der Bergpredigt heißt es: *… da entsetzte sich das Volk über seine Lehre; denn er lehrte sie mit Vollmacht und nicht wie ihre Schriftgelehrten* (Matthäus 7,28-29). Am Schluss schienen es immer nur wenige gewesen zu sein, die sich »bekehrten« und ihm nachgefolgt sind. Später erklärte er seinen Jüngern dieses Phänomen so: *Es ist leichter, dass ein Kamel durch ein Nadelöhr gehe, als dass ein Reicher ins Reich Gottes komme* (Matthäus 19,24).

Zu Jesus einzuladen, ist also nicht einfach, und es ist auch nicht von vornherein Erfolg versprechend. Geradezu grotesk ist es aber, dass die Einladenden dann auch noch verfolgt und inhaftiert werden (Lukas 21,12). Trotzdem möchte ich damit nicht aufhören. Als ich noch aktiv mit Musik unterwegs war, ging das relativ leicht. Da gab es manchmal sogar Applaus und Anerkennung. Wenn aber diese Möglichkeit fehlt, bleibt fast nur noch das persönliche Gespräch übrig. Ohne Hilfsmittel mit anderen darüber zu reden, was mein Leben ausmacht, finde ich sehr herausfordernd. Oft fühle ich mich hilflos und habe auch schon manche Gelegenheit vorbeiziehen lassen. Aber ich möchte lernen, zum Beispiel von jener alten Diakonisse, die bei einem Zoobesuch nebenher versuchte, mit freundlichem Lächeln an andere Besucher kleine Schriften zu verteilen. Das Ergebnis hat sie ihrem Herrn überlassen. Der kann auch ohne erkennbare »Wirkung« aus unseren Versuchen etwas machen.

Bei einem Straßenfest hielt ich einem jungen Vater mit Baby in der Trage ein Infoblatt unserer Gemeinde entgegen. Er lehnte sofort ab und sagte: »Das brauche ich nicht, ich bin Atheist.« Das war immerhin eine Reaktion. Ich erwiderte: »Dann haben sie aber einen großen Glauben.« Er fragte erstaunt: »Wieso Glauben?« Ich versuchte zu erklären: »Nun, wenn Sie glauben, dass es keinen Gott gibt, glauben Sie ja, dass alles zufällig entstanden ist.« Er: »Ja, ist es auch. Alles hat sich evolutionär entwickelt!« Ich: »Das ist doch ein großer Glaube!« Er: »Hm?« Ich: »Und Ihr Baby, was für ein Wunder!« Hier konnte er nur lächelnd nicken, denn neben uns hatte die Musik lautstark eingesetzt. – Auf dem gleichen Fest schwärmte ein älterer Mann: »Spüren Sie nicht auch die Kraft, die hier in diesen Bäumen steckt? Es strömt so viel Energie aus dem Gras und aus den Pflanzen!« Ich stimmte ihm zu: »Ja, das ist wirklich ganz großartig! Und wissen Sie was? Ich kenne den, der das alles gemacht hat. Heute Morgen, nein, vorhin noch, habe ich mit ihm gesprochen.« Er schaute mich erstaunt an: »Jetzt haben Sie mir aber ein Licht aufgesteckt.«

Gelegentlich hatte ich mit einem älteren Mann sehr nette Gespräche, leider oft nur oberflächlich. Als er krank wurde, besuchte ich ihn. Weil noch andere Leute im Zimmer waren, fühlte ich mich nicht frei, etwas vom Glauben zu sagen. Deshalb schrieb ich ihm anschließend einen Brief. Ich habe nie erfahren, ob er etwas damit anfangen konnte. Vielleicht hat nach seinem Tode jemand diesen Brief gefunden, den ich hier in leicht gekürzter Form weitergebe.

Lieber..., seitdem wir von Deiner Erkrankung gehört haben, denken wir oft an Dich. Wir beten für Dich. Nun wünschen wir Dir und Deinen Lieben, dass Du viel Geduld hast für die medizinischen Behandlungen, die Du noch über Dich ergehen lassen musst.

Was ich Dir bei meinem Besuch eigentlich noch sagen wollte: Ich wünsche Dir, dass Du Dich in dieser Zeit auf das Wichtigste vorbereiten kannst, was es für unser Leben gibt: In jedem Menschen steckt die Ahnung, dass unsere Zeit auf der Erde nicht alles ist, auch wenn viele Menschen glauben, dass das Leben und diese Welt ganz zufällig entstanden sind. Viele meinen, es gäbe keinen Schöpfer und man könne deshalb auch ohne Gott klarkommen. Einen Erlöser bräuchten wir auch nicht, denn »mit dem Tod sei sowieso alles aus«.

Diese Einstellung ist die Ursache für unseren zerstörerischen Umgang mit der Schöpfung und für die vielen Probleme im menschlichen Zusammenleben. Noch gravierender ist aber, dass mit dem Tode eben nicht alles aus ist. *So steht es in der Bibel: Dem Menschen ist bestimmt, einmal zu sterben, danach aber das Gericht (Hebräer 9,27).* Gott hat uns für die Ewigkeit erschaffen. Wir sollen bei ihm im Paradies sein. Die Alternative zum Paradies ist nicht das Nichts, sondern die Ewigkeit ohne Gott. Das eine ist der Himmel, und das andere ist die Hölle.

Bis zum Sündenfall lebten die Menschen in der Gemeinschaft mit Gott. Das Argument des Teufels war und ist bis heute: Warum denn so einseitig Gott gehorchen? Warum nicht sein wie ER? Warum nicht einfach ohne ihn leben? – Manche behaupten, die Schöpfung sei eine Fehlkonstruktion, weil Gott das Böse zugelassen habe. Aber er hat die Menschen nach seinem Bilde (1. Mose 1,27) erschaffen. Sie können sich selbstständig und frei entscheiden. Gott wollte Gemeinschaft mit den Menschen, doch sie haben es ausgeschlagen. Das ist die Sünde. Das deutsche Wort Sünde kommt von Sund und bedeutet Trennung oder auch Zielverfehlung. Wenn eine bemannte Raumkapsel ihr Ziel verfehlen würde, wären die Folgen für die Besatzung die totale Verlorenheit.

Gott möchte nicht, dass wir verloren gehen. Deshalb kam Jesus auf die Welt. Er kam nicht nur als Vorbild oder als Weltverbesserer. Er kam als Erlöser und Retter von der Sünde, die uns von ihm trennt. In der Weihnachtsgeschichte in Matthäus 1,21 heißt es: *Er wird sein Volk retten von ihren Sünden.* Und im Weihnachtslied »Stille Nacht« singen wir: »Christ, der Retter ist da!« Jesus ist gekommen, um uns die Gemeinschaft mit Gott wieder zu ermöglichen. Er hat sich am Kreuz stellvertretend für unsere Sünde bestrafen lassen. Das war »Tag eins« von Gottes neuer Welt. Nun haben »alle, die ihn aufnehmen, das Recht, Gottes Kinder zu werden...« (Johannes 1,12). Denn: »So sehr hat Gott die Welt geliebt, dass er seinen einzig geborenen Sohn gab, damit alle, die an ihn glauben, nicht verloren gehen, sondern das ewige Leben haben« (Johannes 3,16). – Meine eigene neue Beziehung zu Gott begann mit dem einfachen Gebet: »Herr, Jesus Christus, hier hast Du mich.« Damit habe ich mich ihm anvertraut. Ich bat ihn um Vergebung meiner Sünden.

Hier ist noch ein etwas ausführlicheres Gebet, das schon viele Menschen bei Veranstaltungen so oder ähnlich mitgebetet haben. Vielleicht möchtest Du es auch beten:

Herr Jesus Christus, ich danke dir, dass du mich liebst.
Ich habe deine Einladung gehört
    und öffne dir mein Leben.
Ich bitte dich um Vergebung meiner Schuld.
Ich danke dir, dass du am Kreuz für mich gestorben bist
    und dass du alle meine Sünden vergeben hast.

Mein ganzes Leben soll dir gehören.
Ich möchte es lernen, deinen Willen zu tun.
Ich danke dir, dass du mich als dein Eigentum annimmst. – Amen

Das wollte ich Dir einfach mal schreiben, weil bei meinem Besuch keine Gelegenheit dafür da war. Ich freue mich auf unsere nächste Begegnung...

Unsere nächste Begegnung war am Sterbebett. Da konnten wir sogar beten.

Jemand klagte: »Manchmal fallen mir gar keine Worte ein, um ein Gespräch über den Glauben führen zu können, obwohl ich das gern möchte.« Mir hilft es, wenn ich mir das, was ich sagen möchte, notiere. Darüber hinaus hängen Sprachfähigkeit ebenso wie Sprachlosigkeit damit zusammen, wie und womit ich meine Gedanken fülle. Wie bei einem Computer kann ich aus meinem Gedächtnis nur das abrufen, was dort gespeichert ist. Je mehr geistliche Gedanken ich gespeichert habe, umso mehr stehen mir zum Zugriff zur Verfügung. Auch darum ist »geistlich gesunde Ernährung« wichtig. Vor allem aber will ich dafür beten, dass Gott mir überhaupt Gelegenheiten zum Einladen schenkt.

Die Geschichte einer alten Frau hatte ich schon an anderer Stelle erzählt: Auf dem Sterbebett wünschte sie sich ein bestimmtes Lied für ihre Beerdigung. »Ich höre es ja nicht mehr, aber die anderen müssen es hören.« Sie wollte, dass Menschen, für die sie in ihrem Leben gebetet hatte, bei ihrer Beerdigung noch einmal Gottes Reden hören. Bis zum Schluss hoffte sie, dass andere sich durch dieses Lied einladen lassen:

> Ich möchte gern dabei sein, wenn er kommt.
> Ich weiß es, dann bin ich daheim, wenn er kommt.
>
> 1. Die Hoffnung ist schon aufgebrochen und Freude,
> die mich zu ihm zieht. Die alten Schulden sind vergeben.
> Das neue Leben blüht.
>
> 2. Weil ich nun eine Heimat habe,
> hat auch mein Leben einen Sinn. Und voll Erwartung,
> IHN zu sehen, zieht es mich zu IHM hin.[14]

Das Einladen zu Gottes Fest ist ein Auftrag von Jesus an alle seine Jünger: *Geht hin zu allen und sagt allen das Evangelium. Wer es glaubt und getauft wird, wird gerettet; wer es aber nicht glaubt, wird verdammt werden* (Vers 15 freie Übersetzung; Vers 16 Luther; Markus 16,15-16).

Jesus verband mit diesem Auftrag keine Altersbegrenzung. Warum sollte ich ihn dann nicht auch im Alter noch ausführen? Dazu wünsche ich mir neben Gelegenheiten zu Gesprächen und Möglichkeiten zum Weitergeben von Schriften oder CDs, dass mein Leben wie ein Spiegel ist, in dem andere Jesus erkennen können. Gottes Einladung soll nicht unbekannt bleiben.

(Refrain) Nimm doch, was Jesus gibt.
Greif nach dem Leben
und kämpfe darum, dass du es nicht verlierst.
Er hat schon gesiegt, den Bösen bezwungen.
Drum gib dein Bestes für ihn.

1. Die ganze Schuld will er vergeben.
Wer sie zu ihm bringt, der wird wieder ganz neu.
Lass den Stolz und das Erklären,
denn ohne Lasten sind wir erst für andre frei.

2. Wir dürfen offen mit ihm reden
und ihm auch sagen, was uns heimlich bedrängt.
Lass dich dabei nicht behindern,
denn Betern hat der Vater schon so viel geschenkt.

3. Er kann den Lebensstil verändern.
Sein Wort macht Mut, um neue Wege zu gehn.
Lass dir nicht die Hoffnung rauben,
denn wer bei ihm bleibt, wird ihn dann am Ziele sehn.[15]

12. ICH MÖCHTE ZIELORIENTIERT LEBEN

Anlässlich ihres 92. Geburtstages besuchten meine Frau und ich eine alte Dame. Wir hatten eine nette Unterhaltung. Auf einmal sagte sie ganz unvermittelt, dass sie ja nun die Nächste aus ihrer Familie sei, die sterben werde. Wir hielten die Bemerkung für einen guten Einstieg in ein tieferes Gespräch und stellten ihr die Frage nach dem Ziel ihres Leben: »Weißt du denn, wohin du dann einmal gehen wirst?« Ihre Antwort kam prompt: »Darüber mache ich mir keine Gedanken. Es kommt alles, wie's kommt.« – Wir erschraken. Wollte sie wirklich mit dieser Unklarheit ihr Leben beschließen?

Nach meiner Einschätzung machen sich nur wenige Menschen über das Ziel ihres Lebens Gedanken. Wenn überhaupt einmal über Ziele gesprochen wird, geht es um überschaubare Zeitabschnitte. Menschen in fast allen

Lebensabschnitten planen nur für kurze Zeiträume und haben dementsprechend auch nur begrenzte Ziele. Aber bei der Frage nach einem Lebensziel geht es darum, was wir von der Ewigkeit erwarten.

Das Thema Ewigkeit ist in unserer modernen und hoch entwickelten Gesellschaft zum Tabu geworden. Besonders die Frage, was nach dem Tode auf uns zukommt, wird verdrängt. Bestenfalls hält man es mit dem Preußenkönig Friedrich II., wonach eben »jeder nach seiner Façon selig werden« soll. Doch wer über das wichtigste Thema seines Lebens nicht nachdenken möchte, offenbart eine verantwortungslose und im Tiefsten unwürdige Lebenshaltung. Sie passt nicht zu Menschen, die Gott nach seinem Ebenbilde geschaffen hat. Und weil unser Leben nicht mit dem Tod endet, sollten wir uns spätestens im Alter die Frage stellen, was danach auf uns zukommt. Vom Trend des Verdrängens solcher Gedanken bleiben leider auch alte Menschen nicht verschont. Zwei kleine Begegnungen haben mir das bestätigt:

Beim Wandern im Schwarzwald trafen meine Frau und ich ein älteres Paar. Sie seien aus Berlin und würden gerade hier ihren Urlaub genießen. Nach einigen Sätzen über die wunderbare Landschaft und den schönen Wald freuten wir uns gemeinsam am sonnigen Wetter.

Schließlich erwähnte ich den Schöpfer, dem wir das alles zu verdanken hätten. Der Mann meinte: »Nein, das hat sich doch alles ganz von allein und ganz zufällig entwickelt.« Ich sagte sinngemäß, dass ich mich aber trotzdem auf das ewige Leben freuen würde. Doch auch da hatte er eine ganz klare Überzeugung: »Tot ist tot! Umfallen, aus und vorbei! Da kommt nichts mehr.« – Leider fiel mir erst hinterher ein, dass ich hätte fragen können: »Woher wissen Sie denn das?« Nach dem Abschied waren wir traurig, dass diese netten Berliner für sich keine ewige Zukunft sehen konnten.

Die zweite Begegnung war ebenfalls bei einem Spaziergang. Wieder traf ich einen älteren Mann und wieder war das Wetter der Gesprächseinstieg: Nach einigen Sätzen hin und her konnte ich ihm etwas von meiner Hoffnung auf das ewige Leben sagen. Er lächelte: »Ob man das wissen kann? Na, wenn Sie wollen, können Sie ja daran glauben. Ich glaube es nicht.« Auch er hatte die Frage nach der Ewigkeit aus seinem Leben verdrängt.

Ewigkeit bei Gott als Ziel vor sich zu sehen, bedeutet Hoffnung zu haben. Mit dieser Hoffnung meine ich nicht jene von Ideologen bespöttelte »Vertröstung auf ein Jenseits«, mit der, jedenfalls nach Meinung der Kritiker, die Armen und Unterdrückten gefügig gemacht werden sollen. Nein, wenn die Bibel von Hoffnung spricht, vertröstet sie nicht auf ein Jenseits, um damit zur Weltflucht aufzufordern. Biblische Hoffnung zu haben, bedeutet vielmehr, dass ich etwas vor mir habe, was jetzt und hier meine Lebensgestaltung beeinflusst.

Wenn ich ein Ziel vor mir sehe und es erreichen will, muss und werde ich mein Leben danach ausrichten. Ein Ziel motiviert mich. Es beeinflusst meine Pläne. Es macht mich verantwortungsbewusst. Es steuert meine Gefühle. Selbst kleinere Ziele haben Auswirkungen auf mein Verhalten: Zum Beispiel beeinflusst eine Reise die dafür notwendigen Planungen. Wenn wir Gäste erwarten, bereiten wir uns darauf vor. Wenn ich ein Konzert vor mir habe, werde ich üben. Vor Geburtstagen und vor Weihnachten ist Einkaufen angesagt. – Ziele sind keine Vertröstungen, sondern sie motivieren mich, mein Leben darauf auszurichten. Umgekehrt werde ich, wenn ich nichts erwarte, nachlässig und lustlos.

Wer kein ewiges Ziel hat, kann sich natürlich bis ins Alter mit vorläufigen Etappenzielen beschäftigen. Die sollen vom eigentlichen Mangel ablenken. Einige solcher beliebten Zwischenziele für Senioren sind: noch ein Ausflug, noch eine Feier, noch eine Anschaffung, noch eine Reise – eben noch ein bisschen »Lebensqualität«. Sind die Zwischenziele erreicht, dann muss es noch schneller, noch höher, noch weiter und noch schöner sein. Bis die Puste ausgeht. Doch bis zum Schluss bleibt die Kernfrage nach dem ewigen Ziel unbeantwortet.

Die Bibel redet erstaunlich oft vom ewigen Ziel unseres Lebens und beschreibt es auch. Bereits im Alten Testament wird von einem Festmahl für alle Völker gesprochen (Jesaja 25,6). Im Neuen Testament greift Jesus dieses Bild auf und vergleicht das Himmelreich mit einer »königlichen Hochzeit« (Matthäus 22). Die Offenbarung beschreibt den Jubel im Himmel, weil die Hochzeit des Lammes gekommen ist (Offenbarung 19,7). – Noch andere große Erwartungen verbinden sich mit der Ewigkeit und ziehen sich durch die ganze Bibel. Die wichtigsten davon sind, dass der Tod nicht mehr sein wird und dass es kein Leid und keine Tränen mehr geben wird (u. a. Jesaja 25,8; 1. Korinther 15,26; Offenbarung 21,4). Vor allem wird immer wieder auf den neuen Himmel und auf die neue Erde hingewiesen (u. a. Jesaja 34,4; 2. Petrus 3,13; Offenbarung 21). Mit der Wiederkunft von Jesus Christus beginnt die Vollendung von Gottes neuer Welt.

Doch die Zweifler spotten: »Darauf kannst Du warten bis zum Sankt-Nimmerleins-Tag.« Sie wollen damit sagen: Darauf wirst Du vergeblich warten. – Wenn ich Termine vereinbare, sage ich oft einschränkend »falls bis dahin Jesus nicht wiedergekommen ist«. Sogar Christen lachen oder lächeln dann über mich, obwohl sie es doch selbst im Glaubensbekenntnis aussprechen: »Von dort wird er kommen, zu richten die Lebenden und die Toten.« In Apostelgeschichte 1,11 wird den Jüngern angekündigt: *Dieser Jesus, der von euch weg gen Himmel aufgenommen wurde, wird so wiederkommen, wie ihr ihn habt gen Himmel fahren sehen.* Keiner wird also bis zum Sankt-Nimmerleins-Tag warten müssen. Jesus wiederholte mehrmals: Ich komme bald (Offenbarung 3,11; 22,7. 12. 20).

Das Neue Testament berichtet in den sogenannten Endzeitreden ziemlich gründlich darüber, was Jesus selbst dazu sagt (Matthäus, Markus und Lukas). In Lukas 21 etwa spricht er zuerst über die Zerstörung Jerusalems (geschehen im Jahre 70 durch die Römer) und fährt fort: *Dann werden Zeichen an Sonne und Mond und Sternen geschehen, und auf Erden wird den Völkern bange sein in Ratlosigkeit beim Brausen des Meeres und der Wasserwogen, und die Menschen werden vor Furcht und Erwartung der Dinge, die auf Erden kommen sollen, verschmachten; denn die Kräfte des Himmels sollen erschüttert werden. Und dann werden sie den Menschensohn in einer Wolke mit großer Kraft und Herrlichkeit kommen sehen* (ab Vers 25).

Solche prophetischen Aussagen erscheinen aus der Ferne wie zweidimensionale Fotoansichten einer Landschaft. Die Täler und Zwischenräume, also die Einzelheiten, sind noch nicht erkennbar. Darum warnte Jesus davor, den Zeitpunkt seiner Wiederkunft zu berechnen: *Von dem Tage aber und von der Stunde weiß niemand, auch die Engel im Himmel nicht, auch der Sohn nicht, sondern allein mein Vater* (Matthäus 24,36). Dass manche Leute trotzdem gerechnet und sich natürlich geirrt haben, soll mich nicht vom Warten abhalten. Auch nicht das Argument, dass Jesus nach so langer Zeit nun überhaupt nicht mehr kommen würde. Paulus hätte ja schon die Wiederkunft von Jesus erwartet und im 30-Jährigen Krieg hätten die Leute auch gedacht, dass es so weit sei. Und nun sind schon wieder 400 Jahre vergangen.... Jesus sagte, wir werden einmal den Menschensohn *in einer Wolke mit großer Kraft und Herrlichkeit kommen sehen* (Matthäus 24,30). Wolken bedeuten Verhüllung. So, wie Jesus bei der Himmelfahrt in die Verhüllung und damit für unsere Augen in die Unsichtbarkeit verschwand, so wird er bei seiner »Wiederkunft mit den Wolken« daraus wieder hervortreten. Das hat er nicht widerrufen!

Die Zukunftsinformationen der Bibel sprechen auch vom »Tausendjährigen Reich«. Sie reden von der Entrückung, vom Paradies und vom Gericht. Jeder, der will, kann es nachlesen. Ich möchte auf jeden Fall darauf hören und es wissen, wie sich Jesus selbst zu seiner Wiederkunft äußerte. Er sagte zum Beispiel, dass er öffentlich kommen wird: *Alle Völker auf Erden werden wehklagen und ihn... sehen mit großer Kraft und Herrlichkeit* (Matthäus 24,30). Demzufolge wird er richten und regieren und sich auf den Thron seiner Herrlichkeit setzen (Matthäus 25,31). Das wird der Gipfelpunkt der Weltgeschichte sein.

Für wichtig halte ich auch die Hinweise auf die Merkmale und Zeichen, die vor der Wiederkunft von Jesus erkennbar sein werden. Einige davon sind:

1. Kriege und Naturkatastrophen (Matthäus 24,6 ff)
2. Irrlehren, Abfall, Verführungen und Ungerechtigkeit (Vers 11)
3. Weltweite Verkündigung des Evangeliums (Markus 13,10)
4. Verfolgung und Bedrängnis der Gemeinde (Matthäus 24,9)
5. Rückkehr des Volkes Israel in sein verheißenes Land (Hesekiel 34,13 u. a.)

Wie gesagt, diese Merkmale sollen uns nicht dazu verführen, einen Zeitplan zu errechnen. Sie geschehen nicht hintereinander in einer bestimmten Reihenfolge, sondern womöglich parallel. Aber wenn wir erkennen, dass sie sich erfüllen, dann ist es bald so weit. Schließlich beendet Jesus seine Erklärungen mit dem wunderbaren Satz: *Wenn aber dieses anfängt zu geschehen, dann seht auf und erhebt eure Häupter, weil sich eure Erlösung naht* (Lukas 21,28). Das bedeutet: Wir brauchen keine Angst zu haben, sondern wenn wir diese Zeichen erkennen, dann dürfen wir uns freuen. Es wäre nicht klug und eigentlich das Dümmste, was wir machen könnten, wenn wir mit dem Kopf im Sand so tun würden, als ob wir nichts merken. Jünger Jesu können sich angstfrei auf den freuen, der kommt.

Alle Menschen sind in dieser Welt nur Durchreisende. Für Christen ist das Ziel oder die Heimat die »zukünftige Stadt« bei Gott. Aber wie sieht der Weg dorthin aus? Bei Trauerfeiern höre ich erstaunlicherweise nur selten etwas darüber, was denn nun mit denen wird, die verstorben sind. Über die beklemmende Ratlosigkeit bei dieser Frage kann auch nicht der Lebenslauf der Verstorbenen hinweghelfen. Eine Ausnahme erlebte ich aber doch bei der Beerdigung einer Verwandten. Dort las ein mutiger Pfarrer am Grab die wichtigen Verse aus 1. Thessalonicher 4, die knapp und eindrucksvoll *die Ungewissen* aufklären sollen (Verse 13-18; NLB):

… Und nun, Brüder, möchte ich, dass ihr wisst, was mit denen geschieht, die bereits gestorben sind, damit ihr nicht traurig seid wie jene Menschen, die keine Hoffnung haben. Denn weil wir glauben, dass Jesus starb und wieder auferstanden ist, glauben wir auch, dass Gott durch Jesus alle verstorbenen Gläubigen wiederbringen wird, wenn Jesus kommt. Ich kann euch dies mit einem Wort des Herrn sagen: Wir, die wir noch leben, wenn der Herr wiederkommt, werden nicht vor den Toten zu ihm kommen. Denn der Herr selbst wird mit einem lauten Befehl, unter dem Ruf des Erzengels und dem Schall der Posaune Gottes vom Himmel herabkommen. Dann werden zuerst alle Gläubigen, die schon gestorben sind, aus ihren Gräbern auferstehen. Und mit ihnen zusammen werden auch wir Übrigen, die noch auf der Erde leben, auf den Wolken hinaufgehoben werden in die Luft (= Unsichtbarkeit), um dem Herrn zu begegnen und in Ewigkeit bei ihm zu bleiben. Tröstet euch also gegenseitig mit diesen Worten!

Dass Nachfolger von Jesus nach ihrem Tod beim Herrn sind, wissen wir aus seinem Gespräch mit dem zweiten

Verbrecher am Kreuz, zu dem er sagte: *Heute wirst du mit mir im Paradies sein* (Lukas 23,43). Dort warten sie auf ihre Auferstehung, die zeitgleich mit der Entrückung der Gemeinde geschehen wird. – Ein junger Mann sagte mir, dass seine verstorbene Mutter nun in der Herrlichkeit sei. Mehr müsse er nicht wissen. Doch Paulus meinte, wir müssten schon noch mehr wissen. Warum? Damit wir uns gegenseitig trösten können und um darauf hoffen zu können.

Nach der Entrückung und der ersten Auferstehung erklärt die Bibel auch die zweite Auferstehung. Das wird die Auferstehung für alle sein. Es ist die Auferstehung zum letzten Gericht. Dazwischen liegt das Tausendjährige Reich. Ob tausend eine symbolische Zahl ist oder tausend Jahre nach unserem Kalender bedeuten, wissen wir nicht. Aber dieses Reich ist kein Geheimnis, weil die Bibel auch dazu einiges sagt – u. a. in Jesaja 11, Jesaja 35 und besonders in Offenbarung 20. In diesem Reich wird Christus zusammen mit der entrückten Gemeinde die Welt regieren (1. Korinther 6,2). Das bedeutet, dass er dann allen zeigen wird, wie die Schöpfung eigentlich gedacht war und wie sie sich ohne die Sünde hätte entwickeln können. Ökologische Fragen werden dann geklärt sein und medizinische Probleme gelöst werden. Sogar unter den Tieren wird Gerechtigkeit herrschen. Es wird kein Leid und kein Geschrei mehr geben. In diesem Friedensreich gibt es auch keine Umweltprobleme mehr und keine unvorhergesehenen Naturkatastrophen.

Und dann? Dann startet Offenbarung 21,1 mit einer grandiosen Vorschau: *Und ich sah einen neuen Himmel und eine neue Erde; denn der erste Himmel und die erste Erde sind vergangen, und das Meer ist nicht mehr.* Diese Vision übersteigt nun wirklich unser menschliches Vorstellungsvermögen. Hat sie, weil sie so großartig ist, vielleicht gar keine Bedeutung für uns? Doch! Wer auf die Wiederkunft von Jesus wartet, auf sein Reich und auf die Vollendung der neuen Welt, lebt mit einem wunderbaren und unvergleichlichen Ziel. Dieses Ziel ist wie ein Licht, das bis ins höchste Alter meinen Weg dorthin hell macht.

In einem Pflegeheim besuchte ich einen alten Freund. Er saß im Rollstuhl und konnte sich nicht mehr äußern. Die Pflegerin schlug vor, dass ich ihm einige Lieder auf dem Klavier vorspiele. Einige der anderen Bewohner sangen mit. Nach dem Lied *Zünde an dein Feuer* von Berta Schmidt-Eller (1899–1987) las ich noch einmal den Text der dritten Strophe:

> Bald wird uns leuchten Gottes ewges Licht,
> freue dich Seele, und verzage nicht!
> Lass die Klagen schweigen, wenn das Lied erschallt,
> fröhlichen Glaubens: Unser Herr kommt bald.[16]

An dieser Stelle sagte auf einmal mein Freund mit fast klarer Stimme: »Das ist unsere Hoffnung!«

Aber nun bewegt mich doch noch ein Problem: Selbst mit dieser Hoffnung lebe ich ja in der Spannung, dass ich eigentlich nicht viel von dem Neuen sehen kann, auf das ich hoffe. Ich weiß zwar und glaube es, dass die Erlösung schon begonnen hat. Aber ich muss noch warten, bis sich alles erfüllt. Diese Wartezeit kann bedeuten, dass ich noch leiden muss und dass ich auch die Angst in der Schöpfung, das »ängstliche Harren der Kreatur« (Römer 8,19) noch erleben muss. – Aber trotz dieser Spannung und mitten im ängstlichen Harren will ich nicht erstarren. Spannung kann ja motivierende Erwartung sein. Jesus hat die Spannung sogar noch gesteigert, als er bestätigte, dass die Ewigkeit bei Gott wie ein Fest sein wird und dass der Festsaal voll werden muss. Alle, die darauf warten, haben bis dahin noch einen wichtigen Auftrag zu erledigen. »Geht an die Hecken und Zäune«, sagt der

Gastgeber im Gleichnis. »Ladet ein«, seid Botschafter und Missionare. Darum erfüllt nicht nur die Vorfreude, sondern auch der Auftrag, noch andere zum Fest bei Gott einzuladen, die Zeit langen Wartens.

In Johannes 14 verabschiedet sich Jesus von seinen Jüngern und sagt ihnen, dass er hingeht, um ihnen eine ewige Wohnung vorzubereiten. Bis dahin sollen sie nicht erschrecken und sich nicht fürchten. Unter Berufung auf dieses Abschiedswort höre ich gelegentlich ein weithin bekanntes Zitat: »Wenn ich wüsste, dass morgen die Welt unterginge, würde ich heute noch mein Apfelbäumchen pflanzen.« Dieser Satz stammt nicht von Luther. Er ist außerdem falsch und fatal. Falsch ist er, weil die Welt so nicht untergehen wird, sondern Jesus kommt wieder und macht alles neu. Und fatal ist er, weil er bedeuten könnte: Was kümmert mich das alles. Ich gehe fröhlich und getrost meinen Alltagsgeschäften nach. Es kommt eh' alles, wie's kommt. –

Nein, Jesus schickt uns nicht zuerst zum Apfelbäumchen-Pflanzen bzw. zu unseren Alltagsgeschäften. Er schickt uns an die Hecken und Zäune. (Heckenprediger hießen in Schlesien in der Mitte des 17. Jahrhunderts die heimlich herumreisenden Verkündiger in den unterdrückten Gemeinden.) Viele Menschen in unserer Gesellschaft kennen das ewige Ziel (noch) nicht. Darauf weist u. a. die Entwicklung hin, dass immer mehr ältere oder kranke Menschen den Zeitpunkt ihres Todes selbst bestimmen wollen. Aber genauso, wie sich kein Mensch den Zeitpunkt seiner Geburt aussuchen konnte, sollen und dürfen wir Gott auch unseren Tod überlassen – oder auf die Wiederkunft von Jesus warten.

Was ist nun zusammengefasst das Ziel, für das ich im Alter leben will? Und damit verbunden: Was ist der Sinn meines Lebens? Was ist mein Auftrag und meine Berufung? Paulus vergleicht unser Leben mit einer Rennbahn: *Lauft so, dass ihr das Rennen gewinnt* (1. Korinther 9,24 ff). Und seinem Mitarbeiter Timotheus schreibt er: *Ich habe den guten Kampf gekämpft, ich habe den Lauf vollendet, ich habe Glauben gehalten; hinfort liegt für mich die Krone* (der Siegeskranz) *der Gerechtigkeit bereit, die mir der Herr, der gerechte Richter, an jenem Tag geben wird* (2. Timotheus 4,7-8). Ankommen – gewinnen – siegen – feiern! Ein lohnendes Ziel!

Auf dem Grabstein des dänischen Philosophen Sören Kierkegaard (1813–1855) wird mit einem Gedicht die Vorfreude auf die Vollendung ausgedrückt: »Nur eine kurze Frist, dann ist's gewonnen, dann ist der ganze Streit in Nichts zerronnen. Dann darf ich laben mich an Lebensbächen und ewig, ewiglich mit Jesus sprechen.«

1. Einmal kommt der Augenblick, irgendwann.
Einmal ist es dann so weit, irgendwann und was dann?
Dann werden wir vor Jesus stehn,
dann wird er uns ins Auge sehn, irgendwann.

Refrain
Jesus, du gabst dich für uns ganz hin
dort am Kreuz, nicht irgendwann.
Herr, ich will dir glauben und vertraun –
hier und jetzt, nicht irgendwann.
Und ich weiß, dass du die Sünde,
die ich bringe, gern vergibst.
Ich darf hoffen, weil du mich liebst.
Einmal wird nur Dank und Freude sein, Herr, bei dir,
irgendwann.

2. Einmal kommt es, keiner weiß, wie und wann.
Eine jung, der andre alt, irgendwann – und was dann?
Dann werden alle Jesus sehn,
wer jetzt nicht glaubt verloren gehn, irgendwann.[17]

NACHKLANG

»Kannst du mir sagen, wo in der Bibel das Wort Ruhestand steht?« So fragte mich am Rande einer großen Veranstaltung völlig unvermittelt der langjährige Leiter einer christlichen Einrichtung. Wir waren uns vorher nie persönlich begegnet. Ich sah darum zunächst auch gar keinen Anlass dafür, dass er ausgerechnet mir scheinbar grundlos und im Vorbeigehen diese Frage stellte. Mit meiner Antwort »nirgends« war er offenbar zufrieden und lief beinahe grußlos weiter. Wollte er mir vielleicht doch etwas Bestimmtes sagen?

Ruhestand? Dieses Wort muss in wohlhabenden Gesellschaften entstanden sein. Auch die Probleme, die damit in Zusammenhang gesehen werden, erscheinen eher als Wohlstandsprobleme. Darauf werde ich aber jetzt nicht mehr eingehen. Stattdessen möchte ich noch einmal einen kurzen Blick auf die Chancen dieses Lebensabschnitts werfen.

Ein »Jung-Ruheständler«, der sich gerade in seiner neuen Situation zurechtfinden musste, hatte dazu eine bemerkenswerte Idee: Man sollte in Kirchen und Gemeinden nicht nur die Erstklässler zum Schulbeginn segnen, nicht nur die Jugendlichen bei Konfirmation und Firmung einsegnen, nicht nur die Paare bei ihrer Hochzeit usw., sondern Kirchen und Gemeinden sollten auch die Ruheständler in ihre neue Lebensphase mit dem Segen Gottes hineinbegleiten. Der Mann hatte erkannt, dass dieses neue Kapitel für ihn kein harmloser Lebensabschnitt werden könnte. Gleich zum Einstieg wurde ihm klar, dass er womöglich nicht selbstverständlich seine Chancen sehen und wahrnehmen würde.

Wenn alles geschafft und erreicht ist, wenn keine neuen Herausforderungen mehr auf uns warten, was kann dann noch kommen? Müssen wir etwa befürchten, dass der Ruhestand auch schiefgehen kann?

Einer, bei dem es im Alter tatsächlich sehr schieflief, war König Salomo. Er war der klügste, reichste und erfolgreichste Herrscher seiner Zeit. Seine tiefen Gotteserkenntnisse und seine Weisheit sind in der Bibel im Buch der Sprüche überliefert. Doch was ist bei ihm im Alter eigentlich schiefgelaufen? Was ist ihm zur Gefahr geworden? War es sein Reichtum, sein Ruhm, seine politische Macht? Oder war es sein Umgang mit Frauen, der den Geboten Gottes widersprach? Es ist erschütternd zu lesen (1. Könige ab Kapitel 2), wie dieser mächtige Friedenskönig, dieser geistliche Leuchtturm, dieser umsichtig und künstlerisch handelnde Tempelerbauer so versagt hat und wie durch sein falsches Verhalten in den Folgejahren Israel auseinanderbrach.

Salomo hatte über seinen Erfolgen, über seinem Reichtum und über seiner ausschweifenden Sexsucht das Ziel für sein Leben aus den Augen verloren. Das kommentiert 1. Könige 11,9 so: *Sein Herz war nicht mehr ungeteilt beim Herrn, seinem Gott.* Mitten in seinem abgesicherten Alter musste Gott die großen Verheißungen, die er ihm gegeben hatte, wieder zurücknehmen. Das Vorläufige hatte ihn blind gemacht für das, was erst noch kommen sollte.

Doch ich bin in der Bibel auch noch auf zwei andere »Ruheständler« gestoßen, deren Leben zielführender war. Beide werden nur ganz kurz in der Weihnachtsgeschichte des Lukas erwähnt. Von beiden heißt es, dass sie warteten. Der alte Simeon in Lukas 2,25 *wartete auf den Trost Israels.* Und etwas später heißt es von der 84-jährigen Hanna: *Sie pries den Herrn und redete von ihm zu allen, die* (mit ihr) *auf die Erlösung Jerusalems warteten* (Vers 38). Das Warten dieser beiden Ruheständler ging weit über ihren persönlichen Lebenshorizont hinaus. Hanna erkannte im Jesuskind die Erlösung Jerusalems und Simeon konnte nur noch begeistert von dem singen, was er vor sich sah: *Meine Augen haben dein Heil gesehen, das du vor allen Völkern bereitet hast, ein Licht, die Nationen zu erleuchten und zum Preis deines Volkes Israel* (Vers 29-32).

Wie möchte ich alt werden? Ich möchte auch im Ruhestand ein Wartender bleiben. Warten macht neugierig. Ich will neugierig bleiben auf die Erfüllung von Gottes Plänen, die meine persönlichen Vorstellungen weit übersteigen werden. So zu warten, ist spannend und belebend. Musikalisch ausgedrückt ist der Ruhestand kein Ausklang oder Nachspiel des Lebens, sondern er ist die Ouvertüre oder der Auftakt zu dem, was Jesus, der Weltvollender, neu machen wird.

ANMERKUNGEN

1 Vergiss nicht zu danken, Text: Heino Tangermann (1965), © mundorgel verlag, Lindlar
2 Ich danke dir, Herr, denn du bist freundlich, Text: (nach Ps. 106,1; 136,1; 1. Chronik 16,34) & Melodie: Gerhard Schnitter, © 2016 SCM Hänssler, Holzgerlingen
3 Jesus Christus herrscht als König, Text: Philipp Friedrich Hiller (1757), Melodie: Johann Löhner (1691)/bei Johann Adam Hiller (1793)
4 Gott, schaffe in mir ein reines Herz, Text (nach Ps. 51) & Melodie: Gerhard Schnitter, © 2009 SCM Hänssler, Holzgerlingen
5 Der Vater kommt uns entgegen, Text & Melodie: Gerhard Schnitter, © 1978 SCM Hänssler, Holzgerlingen
6 Keiner wird zuschanden, welcher Gottes harrt, Text: Gustav Knak (1806–1878), Melodie: Karl August Groos (1789–1861)
7 Ich lasse dich nicht fallen, Text & Melodie: Gerhard Schnitter, © 2005 SCM Hänssler, Holzgerlingen
8 Herr ich freue mich über dein Wort, Text & Melodie: Elisabeth Schnitter, © 1980 SCM Hänssler, Holzgerlingen
9 Groß und wunderbar, Text: biblisch (Offb. 15, 3ff), Melodie: Gerhard Schnitter, © 1996 SCM Hänssler, Holzgerlingen
10 Siehe, ich will ein Neues schaffen, Text & Melodie: Gerhard Schnitter, © 2006 SCM Hänssler, Holzgerlingen
11 Singt, singt, singt dem Herrn, Text (nach Ps. 96) & Melodie: Gerhard Schnitter, © 2014 SCM Hänssler, Holzgerlingen
12 Freuet euch in dem Herrn, Text (nach Phil. 4,4-5) & Melodie: Gerhard Schnitter, © 1995 SCM Hänssler, Holzgerlingen
13 Nehmt einander an, Text (nach Röm. 15,7) & Melodie: Gerhard Schnitter, © 2014 SCM Hänssler, Holzgerlingen

14 Ich möchte gern dabei sein, wenn er kommt, Text & Melodie: Gerhard Schnitter, © 1993 SCM Hänssler, Holzgerlingen
15 Nimm doch, was Jesus gibt, Text & Melodie: Gerhard Schnitter, © 1983 SCM Hänssler, Holzgerlingen
16 Zünde an dein Feuer, Originaltitel: Hatikva, Text: Naphtali Herz Imber (1856–1909), Melodie: Samuel Cohen (1870–1940), dt. Text: Berta Schmidt-Eller, © (Dt. Text) 1969 SCM Hänssler, Holzgerlingen
17 Einmal kommt der Augenblick, Text & Melodie: Gerhard Schnitter, © 2009 SCM Hänssler, Holzgerlingen

Markus Müller

Die Champions League des Lebens
Warum Älterwerden das Beste ist,
was uns passieren kann

Älterwerden ist kein Kinderspiel. Verängstigendes dringt täglich an unsere Ohren. Dr. Markus Müller macht Schluss mit lebensfeindlichen Vorurteilen und entdeckt die Kostbarkeiten dieser Lebensphase, die mit 46 Jahren beginnt. Dabei wird deutlich: Alter ist Chance, nicht Problem.

Gebunden, 13,5 x 21,5 cm, 288 Seiten
Nr. 395.906, ISBN 978-3-7751-5906-7
Auch als E-Book

Elke Ottensmann

Doppelt durchs Leben
Heitere und weitere Geschichten aus dem Leben eines Zwillingspaares

Spaßige Verwechslungen und kuriose Begebenheiten begleiten die eineiigen Zwillinge Werner und Reinhard durchs Leben. Lebendig und sehr persönlich erzählt Elke Ottensmann von dem christlich geprägten Elternhaus ihres Vaters und Onkels und deren Liebe zu ihrer Heimat Schlesien.

Gebunden, 13,5 x 21,5 cm, 192 Seiten
Nr. 395.925, ISBN 978-3-7751-5925-8
Auch als E-Book

LebensLauf
Das christliche Magazin mit Lebenserfahrung

Wir glauben, zweifeln, kämpfen, hoffen, wachsen, fallen hin, stehen auf, trauern, entdecken, lieben, leben... Ja, wir sind auf dem Weg. Und LebensLauf ist der Wegbegleiter für all die, die schon länger unterwegs sind und die gerne ihre Erfahrungen teilen und voneinander lernen möchten.

Ein Abonnement (6 Ausgaben im Jahr) erhalten Sie in Ihrer Buchhandlung oder unter:

www.bundes-verlag.net

Deutschland:
Tel.: 02302 93093-910
Fax: 02302 93093-689

Schweiz:
Tel.: 043 288 80-10
Fax: 043 288 80-11

www.lebenslauf-magazin.net